JN144387

就実大学　グローカルブック

グローバル化時代の企業経営と人材育成

就実大学　経営学部　編

GLOCAL BOOK

グローバル化時代の企業経営と人材育成

就実大学経営学部編

本書は、２０１６年4月16日（土）、就実大学１１０周年記念ホール（Ｓ館１０２）で開催された就実グローカル・フォーラム２０１６「グローバル化時代の企業経営と人材育成」を収録しています。

グローバル化時代の企業経営と人材育成

目次

開会のあいさつ……………… 6
杉山慎策（就実大学経営学部学部長）

基調講演Ⅰ
グローバル化の新局面〜そのリスクと企業の対応…………… 9
ビル・エモット（就実大学客員教授）

基調講演Ⅱ
船舶用プロペラ会社のグローバル戦略〜海外展開とグローバル人材の育成〜…………… 29
中島基善（ナカシマホールディングス株式会社 代表取締役社長、就実大学経営学部特任教授）

基調講演Ⅲ
グローバル化時代の大学経営…………… 51
恩藏直人（早稲田大学理事・教授）

目　次

パネルディスカッション
グローバル化する地域経済と大学の役割……………………71
ビル・エモット（就実大学客員教授）
中島基善（ナカシマホールディングス株式会社 代表取締役社長、就実大学経営学部特任教授）
恩藏直人（早稲田大学理事・教授）
総合司会 杉山慎策（就実大学副学長兼経営学部学部長）
閉会のことば……………103
谷口憲治（就実大学経営学部経営学科長）

開会のあいさつ

就実大学経営学部学部長　杉山　慎策

皆さん、こんにちは。まず冒頭に、熊本・大分など九州全域で被災された皆さん方のお見舞いを心より申し上げたいという思いでおります。出来るだけ早く回復されるように心より祈っております。同時に、岡山の地がいかに安全なのかということを再認識したような感じです。

さて、実はこのグローカル・フォーラムは経営学部ができましてからビル・エモット先生に客員教授を、そしてゲーザ・フォン・ハプスブルグ大公に客員教授になっていただきまして、年に2回、今年で3年目に入りまして、もう今回で5回目のグローカル・フォーラムということになります。昨日はビル・エモット先生に学生たちへの講演会をお願いしたのですけれども、だんだん積み重ねてくると、非常に反応が良くなってきておりまして、やはりちゃんと継続することはすごく力になるのだなと思いました。経営学部のほうも、実は初めて去年、6名の学生を海外に送り出し、それ以外の学生たちは岡山県内の優良企業の皆さまに長期インターンシップでお伺いしてお世話になりました。この場を借りまして、心より御礼を申し上げたいと思います。

学生たちはそれぞれに変化を遂げてきておりまして、やはりやってよかったなという思いを強くしております。長期インターンシップや留学プログラムを2回生の後期にやっているのですが、普通ですと3年生になってからやるところが多いのですけれども、2回生でやったということはすごく大切なことなんだろうというふうに思います。少なくとも外に出てみて自分自身を振り返るということは、あとの残りの2年間をどう過ごすのかということについてすごく大切なんだろうと思います。

今日はエモット先生にグローバル化の時代についてのお話をしていただきますけれども、実はご承知のように4月14日に経済同友会の全国大会が岡山でありまして、エモット先生はそこで基調講演をされております。その時にも、やはり同じようなグローバル化のテーマでした。ほぼ同じテーマで昨日は学生向けの講演会をしていただきました。その中で、私自身も結構本を読んでいるつもりなのですが、読み方が浅いなということを痛感したところであります。『歴史を支えている』というピーター・ドラッカーが書かれた本がここにあります。おそらく多くの方がこの本を読まれていると思いますけれども、実はエモット先生がピーター・ドラッカーにお願いして、いったい歴史を支えているとはどんな支えなのかということを取材されて、『エコノミスト』誌に掲載されているのです。ですから、この本をちゃんと読んでみると、20%は『エコノミスト』誌に掲載した記事ですということをきちんと書かれております。実はドラッカーさんは、エモットさんと話した時にはすでに90を越えていらっしゃいました。90を越えていらっしゃる方が、社会が変化する、増大化する、グローバル化する、ＩＣＴがすごく進んでくる、高齢化がすごく進んでいく、そういう中で働き方とかそういうことを考えていかなければいけない、というようなことをすでに述べられております。たぶん今日はそういうことをエモット先生はお話ししてくださるのだろうと思います。私たちがこれから生きていく二十一世紀、私にはそれはないのでしょうが、若い学生たちはこれから二十一世紀に生きていかないといけないのですけれども、どういうふうにしたらいいのか、またその中で大学の役割はどうなるのだろうか、というようなことをしっかり考えていけるフォーラムになったらいいなと思っております。

最後になりましたが、この講演会は、文部科学省、岡山県、岡山県教育委員会ほか、多くの団体から後援を受けていることをお伝えし（後援団体名は省略）、同時に後援いただきましたことに感謝申し上げまして、冒頭の開会の辞にさせていただきます。

基調講演Ⅰ

グローバル化の新局面～そのリスクと企業の対応

ビル・エモット（就実大学客員教授）

ビル・エモット

元エコノミスト誌編集長・就実大学経営学部経営学科客員教授

1956年イギリス生まれ。80年に英エコノミスト誌ブリュッセル支局に参加。ロンドンでの同誌経済担当記者を経て83年に来日。東京支局長としてアジアを担当。86年に金融担当部長として帰国。その後ビジネス部門編集長となり、1993~2006年、同誌編集長を務める。1989年、日本のバブル崩壊を予測した『日はまた沈む』がベストセラーに。2006年には日本の経済復活を宣言した『日はまた昇る』が再び話題となる。

皆さん、こんにちは。本日はお忙しいスケジュールの中、ご出席くださいましてありがとうございます。そしてまた、就実大学の皆さんのご支援に感謝いたしますとともに、こういった場をいただきありがとうございます。私はこのようなグローカル・フォーラムに参加できることは、非常に栄誉と思っております。また、このあとにありますパネルディスカッションの中で、情熱的な討論ができることを期待しております。

グローバル化というのは、経済およびビジネス活動におきまして、ここ70年以上の間最大の特徴となってきております。これは、第二次世界大戦が１９４５年に終了し、そのために平和がもたらされたこと、そしてそのあと今までに多くの段階を経てまいりました。本日は、このグローバル化における短い歴史について、一言説明をさせていただきます。さまざまな段階を帯びてきているということを説明していきたいと思っております。そしてまた、この新しいグローバル化の局面、様相について私の考えを述べさせていただくとともに、最後に会社を経営される方たちが、この新しい段階のグローバル化に対して、どういうふうにしていくべきか、またどのようなリスクそれから機会というのがもたらされるかについて話していきます。

グローバル化の歴史

実は、グローバル化というのは今に始まったことではないのです。今回の70年間が初めてではないということです。つまり、偉大なイギリスの経済学者であるジョン・メイナード・ケインズ氏が――のちに「ケインズ論」となりましたけれども――、１９１４年以前の期間について、貿易や人々の自由な流れのグローバル化と、そしてどのような変化があったのかということを述べています。その中で、彼は１９２０年に「その時代、人類の経済指標においてなんと教育的な出来事だったことだろう」と書いております。その素晴らしいエピソードというのは、１９１４年８月に終わったことではありますが。ロンドンの住民というのは、ベッドの中で朝の紅茶をすすりながら、電話一本で世界中の各種産物を注文できたし、それが素早く自分の玄関にまで配達されることも概ね期待できていました。それと同時に、世界のどの地域にある天然資源や新規企業に対して、自分の資産を冒険にさらすこともできたし、その将来的な実りや美徳の分け前も、何の努力も手間ひまもかけずに手に入れました。あるいは、自分の財産の安全性をどんな事業にも向けることができたのです。お望み次第では、パスポートやその他手続きなどなしに、どんな国や気候、地帯であろうと、安く快適な旅行手段を確保する、そういうことができました。そしてその中で最も重要なのは、この１９１４年の時代、このような状態が普通であって確実であって、そして永続的だと思われていたことです。

ケインズの英語というのは、少し分かりにくくて複雑かもしれません。どういうことを言っているのか、これを簡単に言いますと、１９１４年以前、すでに世界中のいろいろなところと貿易をしたり、投資をしたり、また出かけて行くこと、そしてそれが自由にできていたということです。そして、人々はそのようなグローバル化には、終わりがないと思っていたのです。

私たちへの教訓というのは、つまりグローバル化は終わることもあるということ、そして、何十年にも渡って方向が変わっていくということもあるということです。つまり、1914年以前の段階で終わったのは、第一次世界大戦が起こったからです。つまり、特にヨーロッパの中心で起こった1914年から1918年の間、この第一次世界大戦によっていくつかの帝国が崩壊しました。そして、それによって各国間の障壁が高くなっていきました。さらにその障壁が高くなっていくのが、1930年代の世界大恐慌です。

戦後の経済復興を支えたグローバル化

1945年に第二次世界大戦が終わることによって平和がもたらされ、新しい段階へと入っていきます。そのことによって、多くの先進工業国で民主主義が大きく普及していきました。それによって新しい、安定した、そして自由な経済システムがもたらされました。そして、過去ですでに失った、開放的でかなり自由な貿易システム、その復興が始まったわけです。そして、1945年から戦後のグローバル化が始まります。つまりそれは、北米とそれからヨーロッパ間の「貿易障壁」をなくすということから始まります。これはアメリカの経済活動であるマーシャル・プランによって、１９５７年にこの大きな設備投資が行われるようになりました。それによって、アメリカからヨーロッパの経済共同体へと大きく資本が流れるようになります。これが復興援助プログラムとして効果を出していきます。

また１９６０年代に入り、グローバル化は日本にも広がっていきます。このときに日本は１９５５年にＧＡＴＴに加盟したということもあって、経済復興が起こり高度経済成長期を迎えていました。それによって対外貿易が拡大し、またそれだけではなくブレトン・ウッズ協定による円の固定相場制が導入されたことによって、日本が恩恵を受け経済発展を遂げました。これが１９４５年以降から、どんどん進化されていきました。

１９６２年にイギリスの経済誌『エコノミスト』誌、これは私がその後に編集長で働かせていただくことになるわけですけれども、この会社によって読者へ「Consider Japan（驚くべき日本）」ということが特集されました。この記事を書いたのは、ノーマン・マクレーという副編集長でしたが、彼が強調したのは、日本の産業、経済の成功にもっと目を向けるようにすべきだということです。間もなく日本は輸出競争に勝って、ヨーロッパやアメリカの市場へ進出してくるだろうということを記事に書きました。また、１９６４年の東京オリンピックも、この段階のグローバル化のシンボルとも言えると思います。また多くの場合、日本が、近代化と世界的な貿易国となることによって世界的に再浮上し、そしてそれによって再結合する、そしてまた技術変化を起こしていくという完璧なシンボルでもあったと言えます。

ヨーロッパ人の言い分としては、1960年代最大のグローバル化のシンボルとは、むしろアメリカの多国籍企業が西ヨーロッパへ進出したことにあるのではないかということです。つまり、アメリカの企業が工場をヨーロッパに建設し、そして販売活動を開始します。そしてまたヨーロッパの企業を買収し、より競争力のある多国籍企業という組織構造を示したわけでして、これは当時ヨーロッパで同じような多国籍と言われている企業よりも、性質の構造では完全な多国籍であったわけです。

1967年にフランスの経済ジャーナリストで、のちに政治についても書くようになったジャン・ジャック・セルバンテ・シュレベールという人が、アメリカのこのような進出について、ヨーロッパが敗北の危機にあるとして、『米国の挑戦』という本を書きました。ロンドンのシティ、ここは経済の中心地と言われているところですけれども、そこでの分析というのは、アメリカ式の経済、それからドルベースの銀行・証券の業務というのが上陸したということを言っています。つまり、これはユーロダラーとして知られているわけですけれども、ヨーロッパの銀行に米ドルの預金、それから取引が行われるようになっていくわけです。これは、実際にアメリカが税逃れ、規制逃れのためにグローバル化したということなのですが、そういったグローバル化した金融の時代というのが到来しました。

1970年までにグローバル化というのは三方向になります。つまり、アメリカ、それからヨーロッパ、そして日本、その3つをつなげるものになっていきます。それは、それらの国・地域間での貿易、それから海外投資が増加していきます。経済の実態というのは、日米欧が提携するということ、これが政治的な重要性と組み合わさっていきます。アメリカの億万長者であるデイヴィッド・ロックフェラーが、このときに実際に発足させたのが「三極委員会」という私的組織です。これはトップクラスの思想家や政策立案者たちが集まって構成される組織で、現在も存在しますし、私自身この組織のメンバーでもありました。

1970年代以降、真の多国籍の時代へ

そして、1970年代には新しい段階に入っていきます。これは日本では悪名高いニクソン・ショックとオイルショックですけれども、これによってブレトン・ウッズ協定という円の固定相場制が変動相場制へと変化させられます。それによって資本移動の規制緩和が行われることになっていきます。これは、イギリスが主導で行ったことです。通貨の安定性がこれによって失われていく、そういう時代が終わっていきました。そしてまた、輸出するよりも海外投資をすることに重きが置か

れるようになります。そのほうが為替の変動に対応しやすいからです。真の多国籍の時代、つまり工場や業務が他国に渡る、そういう時代が到来しました。

そして巨大な富がオイルショック以降、原油産出国へと向かっていきます。つまり、アラブ世界へ向かっていったわけです。そして、それがまた国際銀行の新たなビジネスを誕生させることになります。その目的というのは、その国際融資のかたちで富をリサイクルするということにあります。また、その同じ10年間で、通信衛星によるグローバル化の新たな時代が始まります。これによって情報通信、それから技術の推進と促進がたやすく行われるようになっていきました。

この恩恵を受けたのが、『エコノミスト』誌です。１９７９年、『エコノミスト』誌は初めてアメリカで印刷を開始しました。これが非常に重要な意味を持ちます。衛星でコンテンツを送り、バージニアの印刷工場で印刷することによって、情報をアメリカのマーケットにタイムリーに届けることができるようになりました。当時『エコノミスト』誌の毎週の売り上げというのは20万部だったのですが、約40年後の現在、世界で１６０万部を売っております。『エコノミスト』は、このグローバル化のシンボルであるとも言えます。また内容もグローバルになっています。

１９８０年代におきましては、メディアとアカデミアのグローバル化、これが、日米のコンテキストのようなかたちで語られるようになっています。１９８５年のプラザ合意以降、バブル経済と円高に支えられて、日本企業の海外投資が始まります。それによって、日本はこの時代の主役を務めていきます。つまり、ハリウッドでコロンビア映画を買収したり、ニューヨークのロックフェラーセンターを買収したり、ファイアストン、その他多くの資産をどんどん日本の企業が買っていきました。また、この1980年代というのはどういう時代かといいますと、資本の自由な移動というのが増大していった時代でもあります。日本企業のみならず、英国企業も同じように大きな買収をどんどんしていきました。また、この時代、ほとんどの人が気付いていないことなのですが、実は中国も市場経済に登場するようになってきました。

そして、日本のバブル崩壊が、1990年から1992年にかけて起こってきます。日本の資本の本当の役割というのが見えてきます。これが新しい段階においての役割です。また、ここでは同時にベルリンの壁の崩壊が起こり、そしてソ連も崩壊していきました。また、インドの自由経済改革というのが行われていきます。これらがその時代の重要なシグナルとなっています。

インターネットの登場で新局面に

1990年代というのは、2つの巨大な力に特徴付けられます。1つは、中国・インドを中心とした新興国によって、経済それから貿易・投資の成長が起こります。これによって新しい市場が誕生し、そして企業も出ていき、また競合も起こってきます。また2つ目が、インターネット、ワールド・ワイド・ウェブの登場です。すべての情報がグローバル化に拍車をかけていきます。「グローバル化」という意味は、インターネットによって大きく変わっていきました。インターネットが登場することによって、どこの国も、どこの企業も、人々も、どんな国籍であろうと、どんな場所にいようと、より透明で安くあげる、コストのかからない、そういう情報を送ることができるようになってきます。

『ニューヨーク・タイムズ』のコラムニストのトム・フリードマンが言っており、また2005年のベストセラーにもなった『フラット化する世界』という本の中でも語られていますけれども、私はそれはそうではないと思います。つまり、山や谷はたくさんあるし、海もある。それぞれのビジネスはそれぞれの地域で保たれているし、それから機会も別々にかたちづくられていきます。実際に、やはりITによって世界は確かに小さくなってきています。ITによって、ケインズの描いたような1914年以前の世界のようになってきたのです。つまり、ロンドン、東京、バンガロール、メキシコシティ、どこに住んでいても、ベッドでお茶をすすりながらコンピュータで世界中の物を買うことができるようになった、そういう世界になったのです。

そして、2016年、今やスマートフォンとWi-Fiの世界です。また、今のグローバル化の時代というのは、ドナルド・トランプが言っているような世界でもあります。ドナルド・トランプというのは、今アメリカの大統領選に出ている人ですけれども、彼によると、国境間に壁をつくりたいということなのですが、この壁のある世界というのは中東と北アフリカなどに起こっている、内戦の世界でもあります。それによって、ヨーロッパへ何百万という多くの移民が、どんどん生まれている状態です。今、この時代というのは、この10週間後にイギリスの有権者が結論を出すわけですけれども、つまり主要なグローバル化の機関であるＥＵにとどまるか、そこを抜けるか、という国民投票の結果が出ます。これでもしＥＵから抜けてしまうと、ＥＵというのは多分崩壊してしまうのではないかと思っています。

政治面・経済面で危機に直面

また今の時代というのは、国際行動の根本ルールが問われています。今、困難に直面しています。つまり、１９４５年の国連憲章によるもの、それからあと、その後引き続いて制定された国際法によって設定された、そういうルールです。つまり、国境というのは、暴力や武力によって変えることのできるものであってはならない。やはり話し合いによって、同意に基づくもので決定されるものでなければならないというものです。この困難というのは何によるかというと、例えばロシアによるものです。２０１４年にウクライナのクリミアを編入します。これは、ウクライナの東部の反政府集団を支持するために、そこに部隊を送り込んで支持するということで実現していきます。また、もう1つ、中国も南シナ海、北東シナ海の領有権を主張しています。軍事力によってこれを支配しようとしており、これはまた国連憲章、あるいは国際法に対しての困難な状況をもたらしてきています。特に、ロシアと中国は国連憲章に調印している国でもあり、そして安保の常任理事国でもあります。そういった2つの国が、国連憲章、国際法に対して違反しようとしているわけです。また、国際法での困難な局面というのは、イスラム国の戦士たちによるものがあります。つまり、彼らはシリア・イラク・リビアを制圧して、新しい国家をつくろうとしているわけです。

また、こういった政治的な課題のほかに、経済面でも課題があります。これは地球上の主要国、つまり日本、ＥＵそしてアメリカが成長の遅さにあえいでいる状況があります。そしてまた、これは２００８年の世界金融危機によるグローバル化のまさに産物でもあるわけです。１９９０年から１９９２年にかけてバブルが崩壊したというのは、日本国内のみの話でしたけれども、２００８年の経済危機というのは、これは世界全体に及びます。つまり、アメリカ、ヨーロッパ、そして大陸にかけて、大きな範囲でこれが起こってきているからです。ＩＴの発達によって、スマートフォンやWi-Fiなどによって、つながりがいろいろなところにできていくのは、これはプラスのつながりなのですが、こういう世界的な経済危機のつながりというのは、非常に悲惨なことになっていきます。この世界的な金融危機は「リーマン・ショック」と言われています。リーマン・ブラザーズというのはそんなに大きな金融機関ではなかったのですが、これがまた世界のさまざまな銀行と訳の分からない不審な状態でつながっていまして、それによって大きな影響がアメリカやヨーロッパに及んでしまいました。

1つの教訓というのは、要するにグローバル化することによってつながりが持たれていく。そのつながりというのは、プラスに働く場合もありますけれども、逆に危険性もはらんできます。それに対してどういう反応をするか、政治的な反応というのが問われます。つまり、ここ7年間どのような政策が取られたかというところを見ると、それがよく分かります。いま、この短期間の状況を修復しようとしているわけですけれども、やはり長期間で見た影響というのが、これからの20年を支配していくことになります。

まず1つ目。年々高齢化していく、そういう人口構造の高齢化です。つまり、これは日本とかあるいはドイツが特に影響を受けていくと思いますけれども、世界の国々の平均的な年齢というのが上昇していきます。

次に2つ目として、急速な技術変化です。自動化とそれから人工知能が入ってくることによって、さまざまなビジネスが生まれる可能性が生じるということだけではなくて、やはり恐れも生じさせています。その急速な技術変化による自動化と人工知能により、中程度の技能者の人たちの仕事を冒すということが恐れられてきます。そしてまた、それが何百万もの人たちに影響を与えるというふうに考えられているわけです。それは、かつてビジネスにおいては中産階級だと思われてきた人たち、民主主義においての中産階級だと思われていた人たちです。すでにＩＴの発達によって、低技能者、能力のあまりない人たちの仕事というのが奪われてきているし、給料があまり上がらない状態になっていますけれども、これが今後は中程度の技能者にも及ぶ。つまり、中産階級にも及ぶと考えられています。

次に要素として挙げられることに、気候変動があります。これによって効果的なエネルギーコストというのが、どんどん上昇しています。これは世界中すべての事業に及び、特に先進国の間で起こっています。これによってもたらされる汚染というのが問題で、これは結局先進国がもたらした汚染、それによって気候変動が起こっていることにつながっていきます。

そして、長期のトレンド（傾向）としての４つ目というのは、結局社会の収入と富の不平等というのが生まれてきているということです。こういった不平等性というのが、開放された貿易、それから資本の移動、あるいはテクノロジーにおいて、そのグローバル化の根本となるものに対しての反発となって表れてきています。この不平等に対して、それからそれに対する恐れというものによって、今のドナルド・トランプのような人が台頭してくるような時代になっていくわけです。

高齢化や技術の進化に、どう対応するか?

　では、そのビジネスというのは、どういうふうにあるべきだろうか、どういうことができるだろうかということです。あるいは、ビジネススクールがどういうことができるかということです。では、次の段階のグローバル化というのは、どういう段階かというと、当然政治危機も高い、そしてまた開放性とか人口の比率がひどく重荷にもなってきます。そしてまた気候変動も影響を与えてきます。これらが全部組み合わさったかたちでの状態というのが出てきます。また当然この中にあって、技術変化というのは相変わらず急速なペースが維持されていきます。未来はどういうふうに予測しても、明確で確実な答えというのを出すのは難しいです。ただ原則を提示するということはできると思います。私はこれに対しての答えというか、どういったものを考えていけばいいかというのは、このあとのパネルディスカッションで話されることを期待しています。未来の原則というのを、私は今提言することはできます。これはビジネス界におけるだけではなく、ビジネススクールでも考えてもらうべきことだと思います。

　まず1つ目。政治的リスクに対して、国際企業というのは明確な計画、それに対してどういうふうに対処していくかという明確な計画を持つべきだと思います。つまり、劇的な政治変動というのは、投資や貿易にダメージを与えかねないからです。当然どういう計画にするかというのは、場所にもよりますし、それからどういう現状なのかということにもよりますし、ビジネスによっても変わってくると思います。ただ、一つだけ言えるのは、賢明でないことというのは、このままこの現状が続く、そして政治的に特に静かにいて注目を浴びずにすむと思い続けることがよくないと思います。

また２つ目として企業が努力すべきなのは、急速な技術的変化に備えていくということです。すでに私たちは、知識ベースの社会・経済に生きています。自動化と人工知能の世界では、やはり知識がもっともっと重要になってきます。各企業ともやはり人材資本に投資をし、最良の人材を揃えてトレーニングをし、それから必要な能力開発をするということが重要です。特に優良企業は、今後は女性をどんどん管理職に起用していく、そしてトレーニングをするという、そういった部分に重点的に投資をすべきだと思います。というのは、やはり成人人口の半分、これは女性です。これを無視する手はありません。特に就実大学のように、女性たちがしっかりとビジネス感覚を付けて教育を受けている、そういう人たちを無視するというのは大間違いです。やはり、女性にもっと機会を与えるべきだという、そういうただ数値的な目標を達成するという意味ではなくて、やはり人材的に最も優れた人たちをどんどん雇用して、その人たちの可能性にかけるということ、そういったことが重要になってくると思います。

次に大切なのは、優良企業というのは、経営陣を確実に国際化させておくということです。つまり、地球規模で最良のアイデアに結びつくことができるということ、そしてまた、変化する技術や環境に対応できるようになります。グローバル化というのは、政治的に逆行するというようなことがあったとしても、技術的変化というのはどんどん進んでいくわけですから、そのプレッシャー（圧力）によって、企業はやはり考え方とか意識において、高度な国際化を要求されるということがあります。当然企業にしても大学にしても、そうやって国際化を進めていくということが、文化的に難しい部分があると思います。しかし、国際化した管理職、あるいは教授陣を持つというのは、双方向性――双方にプラスがあると思います。つまり、海外に送るということによって、どんどん国際的な世界的な理解を深めると同時に、また海外から持ち帰る、それを日本に持ち帰って生かすことができることになります。

３つ目の原則。新しい段階における原則というのは、定年の年齢、あるいは労働年齢というものの定義を再考すべきだと思います。つまり、高齢化社会において、高齢者の人口構造というのが変わっていくわけですから、それを再考する必要があります。日本はすでにこの高齢者の雇用という意味では、進んでいると思います。つまり、65歳以上がまだ働いている。それがまた労働年齢でもある。日本は20％そういう人たちがいますけれども、ヨーロッパではわずか５％です。やはり会社や大学にとって、目指すところ、特に目を向けるべき点は、こういった熟練した人たち、年齢が60歳以上の方たちの生産性をいかにして上げるか、どうやって生産的にこういった人たちを使っていくかということです。そういう人たちというのは、当然何十年もかけてその技術、あるいは知識において熟練してきているわけですから、その人たちをどうやって使っていくかということを考える必要があります。

今後の未来というのは、こういった技能の高い人たち、しかも60歳、70歳代、それよりもさらに上の年齢の人たちが管理職として現役で働く、そういった人たちを、とにかくいかに生産的に雇用していくかということ、またそれをどんどん進化させていくかということを考える必要があります。そうすることによって、日本はどんどんテクノロジーの変化した社会に、ずっとついていくことができると思います。当然ながら、こういったような政治の不安定さ、それから金融危機の後遺症が残っている時代、そしてまたどんどん技術は変化していく、そういう中でグローバル化といっても簡単ではないと思います。私たちが今までやってきたことというのは、開かれた世界、それから自由な社会、そういったものをどんどん進化させていくということに、私たち自身が適応してきているということです。そしてそれに適応していくということで、対応していけるのではないかと思います。

このあとにお話をされるお2人の方の基調講演、それからそのあとに催されますパネルディスカッションに期待したいと思います。

今日は、ご清聴ありがとうございました。

基調講演Ⅱ

船舶用プロペラ会社のグローバル戦略
～海外展開とグローバル人材の育成～

中島　基善
（ナカシマホールディングス株式会社　代表取締役社長
就実大学経営学部特任教授）

中島基善

ナカシマホールディングス株式会社代表取締役社長。2015 年度より就実大学特任教授。同社は、船舶用プロペラで世界トップ・シェア企業であり、プロペラ技術を基に人工関節など医療分野へも事業を拡大している。グローバル経営を展開する岡山県内の代表企業である。一般社団法人日本船舶工業会会長、岡山商工会議所副会頭等の公職を務める。本年 1 月、社会貢献にも尽力する経営者に贈られる埼玉県主催「第 14 回渋沢栄一賞」を受賞。

皆さん、こんにちは。高名なるビル・エモット先生の話の直後にお話をしなければいけないというのは大変気後れしますが、ビル・エモットさんの大きな概略的な話から、岡山の小さな一企業がいかにグローバル化に向かっているかという具体例として、今日は話をしていこうかと思っております。

まず、私の自己紹介ですけれども、先ほど65歳という話がありましたけれども私も65歳以上の高齢者でございまして、まだ現役で頑張っているというところの20％の中に入っております。私は、早稲田大学政経学部卒業です。本当は恩藏先生の商学部に行きたかったのですが、政経学部と商学部を受けて商学部は落ちて政経学部だけ合格したものですから、そちらに行ったということで非常に残念です。ちょうど私が入学したときは、学費値上げのストライキがあって、約半年ぐらいは勉強が全くできませんでした。そういった時代だったのです。勉強を本当はしたかったのですが、そういった環境だったのでどんどん社会勉強のほうにばかり向かって行って、やはり何かしなければいけないということで、私はとにかく海外に出て行きたいという希望があったものですから、その時に「アイセック（AIESEC）＝国際経済商学学生協会」という団体に入って、大学の3年生の時に、2カ月ほどアメリカのサンフランシスコのアメリカンエアラインという会社でインターンシップを受けました。その間、せっかく現役で入ったものですから、1年ぐらい留学してもいいかということで親に頼んで、その時にアメリカ、ヨーロッパ、それからメキシコなどあちこち旅行してきました。その当時としては珍しい、海外研修ということで行ったんじゃないかなというふうに思っています。

そういうことが私の海外との出会いのきっかけとなり、アメリカから帰ってアイセックの日本委員会の委員長をしました。それでアイセックの会議だとか、近くの東南アジアに行ったり、英語圏に行ったりしたことがありました。アイセックという団体は、全世界126カ国の大学にありまして、これはアメリカからできたものではなくて、ヨーロッパでの戦闘、第2次世界大戦の混乱の中から、やはり平和を目指していかないといけないということで学生が集まって作った団体でありまして、今では126カ国、日本では25大学が参加しています。残念ながら岡山にはないのですが、これは全て学生スタッフが運営している組織でありまして、世界中で学生が寄付金集めをして研修生の国際的な交換をしている団体であり、そこが非常にいいところです。それで、決まった特定の組織がやっているのではないというのが非常にインターナショナルでおもしろい団体だというふうに思っています。ですから、就実大学の皆さんも積極的にそういうアプローチに向かっていただければありがたいというふうに思います。

職人芸を大切に一品受注生産

それでは、会社のことをお話しします。私どもの会社は1926年に創業して今年で90周年を迎える古い会社でありまして、それも最初から船舶用プロペラを製造しておりまして、一つの商品で90年間も同じ事業を続けられていることは非常に幸せなことであります。今では、小さなプロペラから大きなプロペラまで取り組んでおりまして、世界でもトップクラスの会社になっています。

まず、私どもが非常に大事にしているのは「職人の技」というか「職人芸」です。世の中の傾向としては、何でもオートメーションでロボットを入れてやればいいということなんでしょうけれども、われわれは「職人芸」というのを非常に大切にしております。私どもの技術というのでは、鋳物と仕上げということで最終的な仕上げは手作業でやっています。真ん中の機械加工というところでは、ＮＣ翼面加工機を使ったりしてＮＣ化して機械で動かしています。ここの鋳物をすべてロボットでやればいいのではないかというような話もあるのですが、ロボットがやったら大きな会社が出てきてすぐに何でもできてしまうわけです。われわれとしては、そこの産業商品価値を高くしようということで、やはり人間の手作業というのは非常に重要ではないかということで「職人の技」「職人芸」、これを非常に大切にしているわけです。

この写真は大きなプロペラで、大型タンカーのプロペラです。週刊誌のグラビアに出まして、女性の方から「かっこいいな」とよく言われています。社長が腕組みをするとえらそうにしていると言われるのですが、職人さんがああいう格好をする

週刊誌のグラビアに掲載された写真

ます。

と「すごいね」と言われます。「一品受注生産」で、最適生産というのを目指しています。

設計のデジタル化で国際競争に勝つ

でも、職人芸だけというのではこれはやはりよくなくて、国際競争に勝てないわけでありまして、もちろん当然ながらデジタル化を図っていかないといけないのです。よく日本の企業や経営者は「ものづくり、ものづくり」と言うのですが、やはり今の世界ではものづくりだけでは勝てないのです。やはり設計の力というか、デザインとか設計という、そういった力、提案力というのをやはり出していかないといけないわけです。そういった面で設計の部分でコンピュータ化を図っておりまして、今では５０００コアのコンピュータを駆使してＣＦＤ（Computational Fluid Dynamics）とか、いろいろなシミュレーションをやってお客様にいろいろな提案をしているというところです。

こういった解析をやっておりまして、水の中でプロペラが回りますから非常にキャビテーション（Cavitation）という泡が起こるとかそういう問題が起こってくるわけです。それをいろいろとコンピュータで解析をして、そういうことが起こらないようなプロペラを設計していくということをやっています。私どもの会社は、このように高速艇、プレジャーボートのプロペラから大きなタンカー、コンテナ船のプロペラも手掛けておりまして、こういうことをやっているのは世界でもわが社だけです。

このように、わが社にはいろいろなキーワードがありまして、それらをできるだけ簡単な言葉で言い表そうとしています。「職人芸」ということも、どれだけ素晴らしいかということで「軍手2枚を履いて100分の1ミリの精度で仕上げます」という言い方をすると「これはすごいね」となります。ところが、うちの技術はすごいのだけれど、「これは素晴らしい」だけではマスコミには取り上げてもらえないわけです。ですから、「100分の1ミリの精度で大きなプロペラのエッジのでこぼこを仕上げていく」というふうに言えば、非常に分かりやすいわけです。そうするとマスコミにも取り上げていただける。ですから、マスコミには広告ではなくてできるだけ記事のままで取り上げていただけるように心がけています。そういうことで、こういうふうにいろいろなキーワードを作っていくというのが必要ではないかなと思っています。

では現状についてですが、国内では80〜90％近くのシェアを取っていて、世界でも25〜30％ぐらいのシェアになっています。それだけ産業商品があるから新規参入が少ないということは、だんだん皆さんが廃業していくからです。ですから、私の仕事はいかにライバル会社を止めさせるかということです。つまり、最後まで残れば、100％のシェアが取れるということになるわけです。

グローバル展開のスタートは東ヨーロッパ

わが社の歴史ですけれども、ビル・エモットさんからグローバル化のお話が初めにありましたが、私どもの会社は1ドル３６０円から80円の時代まで頑張ってきたわけです。これは実に4・5倍、4・5分の1という形になるんですけれども、本当にドル、円の為替に変動されたという歴史があります。その中で、どういうふうに海外展開をしていったかというのをお話しします。わが社は１９２６年に創業しました。１９６３年に今の本社工場、東岡山の上道の場所に移りまして、大型化に向かって行ったわけです。ここがわが社の進んで発展したきっかけだというふうに思っています。

大型化をして、大きなプロペラに取り組もうとしたのですけれども、造船界ではやはり「実績、実績」と言われるわけです。ほとんどの造船所には買ってもらえない。そこで、どこにわれわれは売るべきかということでいろいろ考えたのですが、国内では今までのトップの神戸製鋼所さんとか三菱重工さんとかがやっておられるし、西ヨーロッパではイギリスやドイツのメーカーもあります。そこでどこかないかということで、いろいろと商社の人たちとやっていたら「東ヨーロッパには、良いチャンスがあるじゃないか」ということで、東ヨーロッパに輸出をしていったというのが会社のグローバル展開の初めです。

そういうことで、いろいろと東ヨーロッパに出たり、それからイギリスの会社とかドイツの会社と提携をしたり、一緒にベンチャーをしたり、そういうことを70年代、80年代に取り組んでいます。オイルショックがあったり、いろいろな環境に左右されましたが、その中で海外展開し、中国にも技術提携をしたり輸出をしたりしています。

われわれの一番よかったトピックは、日本国内でナンバーワンのシェアを持っていた神戸製鋼所さんがプロペラの生産を中止したということがあります。神戸製鋼所さんは40%ぐらいのシェアを持っていたのですが、そこが止めたということで、私どもは30%のシェアで二番手にいまして、その40%のシェアを全部もらって70%からもう少し広げていったということであります。ここは、私が止めさせたわけではなく、向こうが自然に止めたわけです。そのほかにも、ドイツの会社などといろいろと提携をしておりまして、それからやはりプロペラだけではなかなか難しいということで、いろいろな新規事業に取りかかりました。その中で今でも残っているのは「メディカル事業部」で、人工関節をやっています。その間にほかにもいろいろ新規事業を取り上げてやったのですが、なかなかうまくいかない。やはり千に幾つという感じです。

それから、２００５年からどんどん海外に展開していったということがあります。ずっと私どもの会社は工場が岡山の本社のところに1カ所にあっただけでしたが、10年前から海外展開し、さらに大型化を図っていかないといけないということで玉島工場を作ったりしてやっています。ですから、この10年の間に、工場は本社工場と玉島工場とベトナムの工場とフィリピンの工場という4つになりました。それから、販売会社もシンガポールに設立しましたし、アメリカのプロペラメーカーにも資本参加もしています。

そういったことで、今これだけのところに拠点があるということを示していますが、今後も中国の上海に民営会社を作りたいとか、それからもう少し東南アジアのほうのアセアン地区を広げていこうという考えを持っています。それで今、会社をナカシマホールディングスという法人カンパニーにしまして、その下に9の事業会社があります。システムの会社もありますし、メディカルの会社もあるし、エンジニアリングの会社もあるというようなことになっております。

世界をマーケットに海外展開

それで、海外展開はなぜ必要かということですが、マーケットはやはり国内だけではダメだというところから、「世界がマーケット」というふうに考えていかないといけないと思ったわけです。私どもは、国内だけですともうすでに80~85%のシェアを持っているわけですから、国内だけで売り上げを伸ばそうと思っても、なかなか伸びないわけです。けれど、世界に出て行けばもっとマーケットが広がっていくのではないかということをわれわれは考えたわけです。もちろん早くから、１９７０

年代から東ヨーロッパに出て行ったり東南アジアに出て行ったりと、いろいろなことをやっていましたので、かなり前からわれわれも海外展開はしていたのですけれども、やはりもっと海外展開というか「マーケットは世界なんだ」ということを強く考えていかないといけないのではないかと思って対応しています。

日本だけでものづくりの品質を上げていっても、やはりそれだけではなかなか国際競争力がつくわけではありません。われわれも最初はイギリスの会社、ドイツの会社、オランダの会社と競合をしていました。例えば日本の場合は当時コストが安いですから、競争力があったわけですけれども、やはり韓国の会社も中国の会社も出てきました。これらの国では非常に物が安いわけですから、コストという面だけでは、われわれとしては競争できないのです。品質もだんだん経験を積み重ねることによってレベルアップしてくるわけです。すると、相手企業も品質を向上させてくるのです。われわれとしては世界のマーケットという中でやはり結果ということを考えていかないといけないので、コンピュータのレベルアップをして、設計能力とか提案能力とかといったものを上げていったということがあります。

それで「生産地・消費地」ではなくて「生産地＝消費地」ということで、ベトナムとかフィリピンに工場を建てたわけですが、われわれとすればやはり東南アジアというかアセアンのマーケットというのは結構大きなマーケットだろうというふうに思っていて、そこを今は重要視しています。ベトナムに会社をつくっておりますが、そこに工場を造る前、われわれが海外進出するためにはどこへ行ったらいいか考えました。エモットさんの話でも「場所」という問題が出てきましたが、われわれが海外展開をしていくときにこのことは非常に大切だなと思っておりまして、ベトナムの前に中国の国営企業とジョイントベンチャーという話もあったのですが、サインをする前にいろいろとコミットをしなきゃいけないというような話がいろいろと出てきたわけです。それで、これはちょっとヤバイなと思って、ここでぱっと止めました。ほかにもアメリカだとかタイ、それからインドネシア、マレーシア、いろいろな現地へ行って調べたのですが、その中でベトナムがやはり一番いいなと思ったのです。もちろんインドにも行きました。ベトナムの北のほうのハイフォンというところに決めて、そこで１００％出資の会社をつくっていって、今は10年続いていますが、レベルアップもして、非常にいい製品を出してもらっています。

また、フィリピンの会社というのは、私どものライバル会社にミカドプロペラというのがありましたが、そこが20数年前からフィリピンに工場を持っていまして、そこを買収したということでフィリピンの会社がわれわれの傘下に入ったということです。そういうことでフィリピンの会社が入っています。本当は、そのフィリピンの会社に対抗してベトナムをつくったのですけれども、フィリピンと一緒になったものですから、今は枠組みをいろいろと考えているところであります。

数量ではなく、金額のシェアを重視すべき

日本の製品を買わなくなったというのは、われわれは韓国や中国に製品を出していて、中国などは特にそうですけれども、自分のところで作る船は自分のところの製品を使いなさい、自分のところの部品を使いなさい、というふうになってきているのです。そういうことで、だんだん厳しくなってくるんではないかなということで、ここの表現はちょっとおもしろくなっていますけども、「モノ＋モノ＝ものすごい」と書いてダジャレを言っていますけども、「モノ＋コト」ということで、この「すばらしいコト」に乗っかっていかないといけないいんじゃないかなというふうに思っています。

それから日本の経営資源は所得収支というか、海外に出て行って配当でもうかっていくようにするということで、われわれは今はヨーロッパの会社ともいろいろと対抗しているんですけれども、ヨーロッパの造船業というのはどんどん廃れてきていて、今は全世界のシェアが1～2％ぐらいです。日本が20％ぐらいのシェアですけれども、これは建造業という共通ベースのシェアで言ってそうなのですけれども、売上金額でいきますと、日本の売上金額でだいたい2兆6千～2兆7千億円で、ヨーロッパはシェアが1～2％と言っているにもかかわらず2兆円です。あまり変わらないのではないか。これは、もうおかしい話です。やはりわれわれ企業の経営者からすると、トン数ベースの数量よりもやはり金額のほうが大事ではないかと思う

のですけれども、日本の経営者はどちらかというと「ものづくり、ものづくり」と言っているものですからそっちに走ってしまう。だから、たぶん日本の自動車産業とか電機メーカーも台数ベースのシェアとか車の数のシェアとかではなく、やはり金額のシェアをもっと大事にしていったほうがいいのではないかと思うのです。ここがやはりヨーロッパの造船業が転換していったわけだと思うのです。

日本にナンバーワンのシェアを取られて、ヨーロッパの産業も変わっていかないといけないといったときに、ヨーロッパのEUで会議をして「造船産業は知識産業だ」という定義をしたのです。それでいろいろな価値（バリュー）を上げていく努力をしていった。それからいろいろな規制を掛けていくことをしていったわけです。だから、今はいろいろな規制が出ているのです。ヨーロッパからいろいろな規制が掛かっていまして、ヨーロッパのメーカーは非常に仕事が忙しくて潤っているのです。日本は「コスト、コスト」とばかり言って、日本のわれわれのような下請けメーカーは造船所から値段の交渉で厳しく言われて、新規の開発もなかなかやる気も起こらないというようになっているというのが現状です。ですから、それは日本の産業というのを変えていかないといけないところだというふうに思います。

英語で仕事をするのが当たり前の環境に

それで、「当社の考えるグローバル人材」ということですけれども、「国籍を問わず信頼関係を構築できる人材」です。やはりリーダーが必要だというふうに考えています。それから、いろいろな課題を考えることができる人、それから英語だけじゃなくて中国語も含めて、英語がただ単にしゃべれるとか英語ができるというのではなく、外国語で交渉ができるというところまでやはりいかないといけないというふうに思っております。それから、いろいろな環境の変化に対応できる人材ということです。エモットさんもいろいろな変化が起こりうると言われていました。領域の問題とか環境の問題とか言われましたけれども、本当に変化が非常に早いし、これは世界のどこかで起こったことがすぐ報道で変化が出てくる格好になっていますから、それに対応するというか変化に対応するということをやっていかないといけない。それで悪ければすぐに変えていくとか、そういうことをしていかないといけない時代になっているのではないかと思います。

海外拠点からわれわれは技能実習生、研究生を受け入れて、ベトナム人それからフィリピン人の研究生を受け入れて現場で働いています。だから現場に外国の人が入っているというのは当たり前の環境になっています。

それから、ベトナムの工場では朝礼をやっているのですけれども、フィリピンは英語でやればいいのですが、ベトナム語というのは非常に難しくて日本人がベトナム語を勉強してもとてもできない。ですから、われわれは英語も当然使う。専門用語を日本語にして日本語を教えたり、それから日本語の専門用語を使って教えていく。だけどフィリピンもベトナムも朝はラジオ体操をやって、毎朝朝礼をするということを今は日本と同じようにやっております。それから、若者の育成もいろいろと今やっている最中です。

これは前に岡山でやったセミナーです。全部英語でやりまして通訳はしない。懇親会から全部セミナーまで全部英語で、全部社員でやったという経験があります。こういうことをこれからもやっていきたいというふうに思っています。

海外の展示会とかにも行っていますし、それから香港とかシンガポールとか、それから最近ではハンブルク、ギリシャのアテネでプライベートセミナーをやって、そこにどんどん技術者を送り英語で話をさせています。

インターンシップの受け入れの人数についてお話しします。最初のころはロータリーの法科学生、ハーバードから入れていましたけど、これは1人ぐらいで来ます。それからスタンフォードの学生が増え、それからEUのインターンシップの人も受け入れまして、去年と今年も5人ぐらい来ています。アメリカ人、フランス人、ドイツ人、ポルトガル人とかいろいろな部署に入っています。その中で正社員になった人もいます。今年はドイツ人が入って来ました。インターンシップでメディカルのR＆Dセンターに行ったドイツの女性が「正社員になりたい」というので「本当に大丈夫か」と聞いたのですが、なりたいということなので彼女を正社員に採用しました。そういうふうにどんどん海外から受け入れています。今は、オスロ大学のインターンシップの学生も受け入れており、彼はデンマーク人だそうで、日本語も結構話せます。

こういうふうにいろいろな実習生を受け入れたり、国際会議をやったり、それから海外のセミナーに出たりということで、いろいろと自分の会社の中でそういうのが当たり前という環境にしていくというのを心がけてやっています。だから英語で話をするのは当たり前、電話も英語でやり取りをするのは当たり前という環境をつくって、そういう環境でこれが当たり前ですよということになれば、そういうふうに自分から進んで勉強する環境になっていくんじゃないかなというふうに思っています。

海外の駐在も、われわれは最初から3年行きなさいとかと言ってもなかなか難しいので、まずは「シンガポールの代理店に6カ月間行って来い」と言うのです。とにかく「6カ月間、何をやってもいいから6カ月間行って、シンガポールで勉強してきなさい」と。それで周りの人はシンガポールの会社ですから、英語でしかできません。そういった環境で行くと、自分は国内の営業だけやってきたという人もだんだんその気になって、次からは3年、4年、転勤してもいいというようになってきました。でも、3年、4年じゃまだちょっとダメで、本当は10年ぐらい行きなさいと言いたいところですけど、そこはなかなか難しいです。

これからの日本は「製造業＝知識産業」で

それでわれわれの課題なんですけれども、本当に高齢化しています。人口減少でです。特に生産人口が減少していますから、日本で本当に製造業がこれからどうなっていくんだろうかなというふうに心配をしています。その点ベトナムは、平均年齢が27歳ですから非常に若いです。労働力も非常に豊富です。そういうことで、ベトナムとかフィリピンとか、これからインドネシアとか、インドとか、どんどん展開していかないといけないのではないかと思っています。ということで、本当になかなか日本の場合ＧＤＰも上がらないし、非常に厳しい状況になっていくのではないでしょうか。

それから、企業の業績も知らないといけません。日本の会社は、今は利益率が低いのです。アメリカの会社のほうが高いです。トヨタは別格です。総資本利益率というのは、アメリカと比べてやはり日本は低いというふうに思います。特に、日本の中小企業のほうが利益率が低いのではないかと思います。日本の場合、やはり中小企業は「下請け」という意識から抜け出られてないというふうに思います。どうしても継続的に納入している会社を頼って、そこからいろいろと無理難題を言われると「しょうがないね」「注文があるんだったらしょうがないね」というので今まで来たのではないかというところがあります。そこを直していかないといけないと思います。

ドイツの会社、ドイツの中小企業は結構グローバル企業が多くて、われわれの業界もドイツの中小企業団体でもグローバルに展開しているところがあります。ですから、日本の会社も中小企業もそういうふうに展開していかないといけないのではないでしょうか。ＩＣＴの意識もやはりだいぶ日米では違っています。特に、日本はあまりにも「ものづくり」にこだわりすぎているのです。そこは本当に変わっていかないといけないのではないかと思います。アメリカはちょっと行きすぎというところもあるかもしれません。やはり日本の良さを考えながら展開していく、戦略を考えていくということをしていくべきではないかと思います。

次に「Google Books Ngram Viewer」でいろいろと分析したものです。私にはあまりこういう趣味はないのですが、私のパワーポイントを作った人はそういうのが趣味なのかこういうのが出ていまして、検索すると、また結果が出てくるという具合です。これはアメリカで、「アメリカ」と検索すると、これから１９９０年ぐらいまで上り調子になっているという感じです。ところが、日本は１９９０年から非常に落ちている。だから１９８５~１９９１年がバブルのころですから、あの頃が日本がトップで、それからずっと下り坂というところになっているのかなという感じがしています。

「シンゾ・アベ（Shinzo Abe）」というのも、世界はあまり関心がないみたいです。けれど、バラク・オバマさんよりプーチンさんのほうが、より出現数が多いというのは、何か……。それからキャメロンさん、キャメロンさんはどうですか。日本では、もちろん安倍さんは人気が高いのですけれども、英語圏での評価はいまいちかなというところです。東京大学（Tokyo University）も、やはりちょっと低いです。意識がかなりズレているんじゃないかというところがあります。

日本の現状というのは、日本人というか本当に日本への関心というのがだんだん落ちてきているような感じがします。その中で、観光客が増えてきているというのは非常に大事なことで、もう少しＰＲを強化する。せっかくのチャンスになっているわけですから、もっと日本を知ってもらう、日本の力を出していくということを、やはりやっていかないといけないのではないかというふうに思います。

「日はまた昇る」ということで、ビル・エモットさんにならって、なんとか日がまた昇るようにしていかないといけないわけで、それにはやはりどうしてもグローバル人材を育成していかなければならないということです。それから「知の融合」というか「知識産業」という形にやはり製造業が変わっていかなければいけないと思います。やはり「製造業＝ものづくり」ではなく、「製造業＝知識産業」という形に変えていかないといけないのではないかと思います。「ＩＣＴの積極活用」、最近工場の中でもＩＣＴが入れられるようになっていますけれども、これをもっと展開していかないといけないのではと思います。日本の価値の再評価ということを、今やっていかないといけないというふうに思います。

ということで、役目を果たさせていただきました。

どうも、ご清聴ありがとうございました。

基調講演Ⅲ

グローバル化時代の大学経営

恩藏直人（早稲田大学理事・教授）

恩藏直人

早稲田大学商学部卒業。同商学部助教授等を経て、1996年教授。2008年9月より2012年9月まで早稲田大学商学学術院長兼商学部長。2013年より、早稲田大学理事。専門はマーケティング戦略。博士(商学)。財務省「財政制度等審議会」専門委員、文部科学省「大学設置・学校法人審議会」専門委員、公認会計士試験委員、日本消費者行動研究学会会長、商品開発・管理学会会長などの公職を歴任。現在は、国土交通省「交通政策審議会」臨時委員、文部科学省「高大接続システム改革会議」委員などに就任。

皆さま、こんにちは。ご紹介いただきました恩藏でございます。紹介ですけれども、実は私には倉敷に親しい方がいて、倉敷は何度か伺ったことがあるのですけれども、岡山市にはなかなか来る機会がなくて大変貴重な機会だと思っております。

実は、杉山学部長とはおそらく十数年来のお付き合いなのですが、その杉山先生が就実大学に着任をされたという話を聞いたときに、すぐに思いついたのは「去華就実」です。付け焼き刃ですが、私もちょっと調べてみまして、「戊申詔書」というものがここにあります。これは明治天皇が、明治41年ですので日露戦争に勝ったあと国が少し混乱していて、そういったときに国民を落ち着けて、そして改めて国の発展を目指す、そんなときに述べたことらしいのですが、「華ヲ去リ実ニ就ク」という、これに由来します。意味はすぐに分かります。「外見の華やかさを取り去り、実に就く」というのは、要するに「役に立つ」、派手なことではなくてしっかり地に足を付けたような人間になるというような意味で、では、なぜこの「去華就実」を私が思い出したかというと、これは早稲田実業高校の校是にもなっていて、甲子園で勝ったときに皆さんも聞いてくれたかもしれませんが、校歌の一部になっているので「去華就実」という言葉は分かっていたのです。でも、その意味合いが分かっていませんでしたから、これを振り返ってみて実は誠実に生きることの大切さを訴えるもので、非常に多くの教育者にこの言葉が支持されたそうです。その後、学生、生徒たちに語り伝えられていて、われわれの関連の高校でも校是になっています。ここは、まさに「就実」という名を取って大学にされたんだなということで、改めて私自身も学んだということです。

私の紹介については、先ほど少し司会の方からご紹介いただいたので省略しますけれども、今日のテーマは非常に私の研究に近いのです。なぜかというと「グローバル化時代の企業経営と人材育成」ということで、私自身大学人として学生を育成しています。そして、また私の専門はマーケティングです。マーケティングですので、そういう意味でも企業経営というグローバル化時代の企業経営、これも関連してきます。さらに、私は今理事をやっていて大学経営をやっているんです。そういう意味で、先ほどの中島社長が、社長は企業の経営の責任者ですけれども、私も責任者の一人になります。そういう位置づけですので、今日のフォーラムは、私自身も非常に楽しみにさせていただいております。

日本の国際競争力が低下している

まず、ここからが本論ですけれども、日本の立ち位置あるいは日本における大学の立ち位置などを少し見ておきたいと思います。国際競争力についていかに日本が低下しているかという認識を皆さん持ってください。ランキングというのはいろいろあるのですけれども、幾つかあるランキングの中に、スイスのビジネススクール「ＩＭＤ」というところが毎年年1回発表している国際競争力のランキングというのがあります。これは何で測っているかというと、経済のパフォーマンスだとか、政府の効率性だとか、ビジネスの効率性だとか、インフラなどで測っています。単にＧＤＰの大きさとか、経済の発展だけではない。総合的に国の競争力を見ようという、こういう指標です。

これはだいたい5月に出るのですけれども、一番新しい昨年の5月の発表によると、1位がアメリカ、2位香港、シンガポール、以下ずっといって、日本はというと、第27位です。よく「アジアの時代」と言われます。では、周辺はということでちょっと見てみると、台湾が11位、マレーシア14位、そして中国22位、そして韓国は25位。要するに、アジアの時代だと言われている中で、最も日本はランキングが低いということです。

ただ、これは私の前のエモット先生の話にもあって、先ほど中島社長のお話でも触れられていましたが、かつて１９９２年、要するに１９９０年代の前半まで、日本は第1位でした。これは事実です。まさに日本の勢いがあったそういうときと比べると、いかに今、日本が後退しているのか。さらにＧＤＰで見ても、この日本が一番輝いていたころは世界の約10％取っていたんです。世界のＧＤＰの１割が日本だった。それが２０１２年には5・6％になり、予測によると将来的には３・２％まで低下するそうです。今は、こういう時代なのです。

先ほど、中島社長のプレゼンテーションの中で「日本は非常に低いですね」という話がありました。私は、去年シカゴの「アメリカ　マーケティング　アソシエーション（American Marketing Association）」、マーケティングのわれわれにとって一番大きな学会ですが、それに参加したんです。その時の実感についてお話しをします。実は90年代半ばに私はアメリカに行きました。まだ、日本がそれほど後退する前です。90年代半ばですから、当時は日本人もたくさんいたし、そして日本人の研究者だというだけで声を掛けてくれたんです。海外の研究者が関心を持ってくれていた。ところが、去年私がシカゴに行ったら、日本人はまずわれわれのチーム以外ゼロ、誰もいない。間違いなく東洋人ぽい人はいっぱいいるのです。でも、それは中国だったり韓国だったり台湾だったりで、日本人はゼロです。さらに声も掛けてくれない。要するに日本人に興味がないのです。やはりこれが事実だという認識を、皆さんは、私も含めてですけれども持たなければいけません。

大学も世界と競争する時代

さらに「東京大学は辺境だ」とありましたけれども、では大学のランキングを見てみましょう。これにもいろいろなランキングがあります。その中の一つです。代表的な、世界的なランキングの一つです。私の大学だけ文字は大きくしてありますが、ここで早稲田を強調したいのではなくて、日本の大学がいかに低迷しているかを分かりやすくするためです。やはりこれも事実です。ただ、若干言い訳をすると、これは日本の大学にとって不利な物差しです。例えば、日本文学とか日本語の論文がいっぱいあるわけです。でも日本語で書かれているものです。これではポイントはゼロ、全く評価されません。法律でも、日本の制度に関する法律などは基本的に日本語で書かれていますから、ポイントはゼロです。要するに英語でないとポイントになりませんから、そういうことでは不利です。不利ですけれども、でもそんなことはある意味言い訳で、やはりグローバル化と言っている中ではグローバルな物差しで、ちゃんと評価されたときにどうなっているかということです。

そのランキングを見ると、100位以内に5大学入っていますけれども、国立がやはり有利なのは「学生教員比率」です。これが圧倒的に有利です。私学などに比べて国立が有利だということは、確かな報告です。就実大学の学費がいくらか知りませんが、私も大学経営をやっていますので、日本の文科系ではだいたい100万くらいでしょう。ただし10万ぐらいの上下の幅はあるのでしょうが、だいたい100万です。理系は、その1・5倍ぐらいです。では、アメリカはというと、アメリカは年間500万、600万は普通なのです。授業料が高いと思っている学生さんもいると思うのですけれど、500万なんていうのは普通です。という口で、もし同じ条件で戦えば日本の大学ももっと上に行くと思います。学費を上げられますから。ところが日本の教育費は非常に低く抑える。世界的に非常にまれですけれども、抑えられているということでこういうふうになっているのです。でも、これは事実です。

なぜこれがまずいかというと、今までは言語の壁で大学は守られていたんです。だから、日本人は日本で学ぶわけです。意欲のある中国の人たちが来てくれるとか、韓国、それはあります。だけど言語の壁がなくなってくると、大学は世界と競争をしなければいけない。これはまさにグローバル化時代の企業経営、大学経営の最大の課題です。今はそういう時代に大学は立たされているのです。衝撃的な話が一つあって、私が学部長をやっていた２０１２年、今から4年ぐらい前です。その時に韓国に行きました。韓国には、有力大学が3つあります。われわれは、それを「スカイ＝ＳＫＹ」と呼びます。なぜスカイかというと、ソウルナショナルの「Ｓ」、「Ｋ」は高麗（コウライ）の「Ｋ」、「Ｙ」は延世（ヨンセ）、ほかにももちろんたくさんあるのですけれども有力大学の名前です。その時、私は延世にも行きましたが、私の専門はマーケティングなので高麗に行きました。高麗の当時の学部長に話を聞いたのです。がくぜんとしたというのは何かというと、学部です。大学の大学院ではない学部の授業の約7割が英語だというのです。英語で授業をしているのです。

それで、早稲田はと聞かれて、恥ずかしながら当時1コマでした。皆さん勘違いをしないでください。英語の授業ではなくて、英語による専門の授業です。もしかしたら就実大学では、先ほどの中島社長の話を聞いていて、エモット先生などいらっしゃるので英語の授業がたくさんあるのかもしれませんけれども、残念ながら当時私の学部では、1コマだけで、本当にもう情けないというか恥ずかしいことでした。それで私はすぐに日本に戻って、任期は少なくて半年ぐらいしかなかったんですけれども、自分の任期の間に17科目の英語の科目を作りました。今はもう任期が終わって少し経っているんですけれども、そんなに増えてなくて20ぐらいしかないのですが、一気に17つぐらいに増やしました。そんな時代です。本当に大変な時代に今はなっているということです。

知識偏重の教育を変えていく

それでは、どうして国際競争力がこんなに低下したのでしょうか。ここに書いてあるものがすべてではなく、私が思い付きで何となくやっていると思うのですが、まず政治が混乱したということがあります。例えば、これは象徴的な部分だけ取り上げたのですが、毎年首相が替わったということ、これはかなり問題です。この「安倍」というのは第1次の時の安倍内閣の時のことで、安倍さん、福田さん、麻生さん、鳩山さん、菅さん……というふうに毎年交代した。これはやはり世界で見たら、たぶん「日本はなんという国なんだ」という印象だったと思います。

では、教育はということですけれども、去年スタートして今年の3月に終わった「高大接続システム改革会議」というのがありまして、全部で14回会議がありました。これに毎回私も出させていただいていて、私自身にも勉強になったのですが、いかに今までの日本の教育が問題だったかというのを私自身も痛感しました。それはなぜかというと、例えば日本の入試というのは、完ぺきに学力評価です。もっと分かりやすい表現で言うと「記憶力の評価」です。記憶したものをそのまま再現できることが一番ポイントが高いのです。これで長い間ずっと日本は評価してきました。これには笑ってしまうような問題があります。私の大学でも入試をするので、これは自戒を込めて申し上げるのですけれども、例えばある試験、これは日本史とかです。「種子島に鉄砲が何丁伝来したか」、これが試験問題です。何丁だったか、そんなことに意味があるんですかという話です。これは実際に出た問題です。正解は2丁らしいんですけど、1丁は都に送ってもう1丁は自分のところで分解か何かをしちゃったので、それをもとに種子島銃を作ったという話です。そういったようなことを覚える、これが大事だったのです。

確かに記憶力は上がりますし、もう一つ上がるのは忍耐力です。そこまで覚えるというのはすごいことです。でもこれは、今までのようなあまり変化のない世の中だったならそれで十分だったんです。だけど、これからグローバル化していき、今までは知識偏重で、どんな問題にも唯一無二の正解があるので、ひたすら正解を覚えていく。こういう教育を日本はしていったわけです。そうすると、今までの常識を疑って自分の頭で考えて、独創性のある答えを導き出す。こういうことに不慣れになってしまうわけです。できなくなるわけじゃなくて、そういうトレーニングを受けませんから。小学校、中学校、高校でいろいろな教育改革を日本はしてきたんですが、大学の入試がどうしても記憶に偏っている限り、やはりそうなってしまうということで、いま、日本の教育は大きく変わろうとしているわけです。

そこに書きましたけれども、「課題に直面したときに問題の本質を見抜いて、自ら調査・分析をして、あるべき解決策を見いだし、議論を通じて価値観、文化的背景の異なる人たちと協働して」と、これはまさにグローバルで、「果敢にそれを実行していく能力」が求められています。こういう部分で強い能力のある人をいかに見いだすか、あるいはそこに向けて国民がどう動いていくか、これがなければおそらく日本の将来の競争力はもっと低下してしまうであろう。高大接続システム改革会議ではこのような議論をしているのです。

では、何が起きるかということですけれども、もう皆さん大学生の方はもういいんですけど、例えば中3より小さいお子さんを持っている方、今中学3年、小さいお子さん、今のセンター試験はおそらくガラッと変わります。もう、その会議で確認されていますので、まず間違いなく変わります。それは記憶偏重型の問題ではなくて、もっと考えさせるようなそういう問題に変わるのです。見本問題なども、文科省のホームページを見ればたぶん見られるのではないかと思います。

今はグローバルマインドが低下傾向

ほかにも、競争力低下の要因として、例えば「グローバルマインドの低下」というものがあります。これには私も関係していますが、海外留学をする学生が減少してきています。若干ここ数年は持ち直している気はするのですけれども、でも間違いなく日本から海外へ行く留学生は減っています。これを何とかしなければいけない。どこの大学ももののすごい取り組みをしています。要するに、調子がいいときはぐんぐん伸びていって、やはり「さあ、これからは世界だ」ということでしたが、どうも日本はどこかでつまずいて元気がなくなってきているというのが今なんです。ですので、「地方の中小企業だってグローバルマインドを持たなきゃいけない」と中島社長さんがおっしゃいましたが、グローバル化は別に商社や大きな会社、世界を飛び回ることがグローバルじゃなくて、どこにいてももうそういう時代なのです。ネットで調べれば、お客さんは海外に、地球の裏にいるかもしれないし、問い合わせもあるかもしれない。今はそういう時代になっているわけです。いかに日本の国民がちょっと内向きになっているかなというのがあるかと思います。

デザインと結びついた価値創造を

それから、「デザイン志向の軽視」、これは私の本業なのでちょっとだけしゃべらせてください。本業として、この3年間ぐらいずっと取り組んでいます。日本は、実はデザイン志向がものすごく欠落している、こういう話です。「デザイン」と皆さん聞いて、何をイメージされるかというとたぶん審美面だと思います。「デザインいいよね、これ」というと、「見た目がいいよね」というのがたぶんイコールだと思います。表現としては、よくお化粧している部分のことだけを言っているので、本質を全く考えていない。これが日本だということです。

では、デザインとは一体どんなものなのか、ということですが、分かりやすい例を一つ紹介したいと思います。デザインって審美性だけではないのです。もっといろいろな広がりがあります。例えば、操作性なんかもデザインです。作る時に、操作性も考えて設計されるわけです。具体的な例で言うと、皆さんもアップルのプロダクトをいっぱい持っていると思います。iPhone、私もiPadです。あれに説明書は付いているけれども、ほとんどみんな読まないでしょう。要するに、初めてあの製品を手にする人間であっても、説明書を読まなくても使えるんです。これはまさに「操作性が非常に優れている」、そういう意味です。

アップルというのは、世界でも非常にデザインを重視した会社です。要するに、見た目が美しいだけじゃないんです。一つエピソードを話しますと、亡くなったジョブズは、自社の新しい製品が出てくるとまず最初に何をするかというと、「水に入れる」というんです。私はこれを聞いたときにすごいなと思いました。新しい自社製品が出てきたら水に入れる。「なんでだと思うか？」と大学院なんかのクラスみんなで議論すると、それは「耐水性のテストでしょうか」という話が出るんですけど、そうではないのです。新しい試作品が出たときに、気泡というのかな、ブクブクです。あれが出てきたらアウトだそうです。なぜか、要するにまだコンパクトにできるという、要するに余裕があるわけです。そういうような設計をしているようじゃダメだというのが彼の思想なのです。

ですので、デザインというのはそういうものなのです。あともう一つ分かりやすい例を話しますと、例えば皆さん、列車、あれはいくつか連結されてつながっています。こういうガチャンというふうに、あれはガチャンという鉄の結合の部分だけじゃなくて、パイプが数本同時にあるのが分かります。もし、その鉄の部分が何らかの不具合で外れたりすると何に送るかというと、そのパイプの部分だけに、パイプで当然あんな車両を引っ張れるわけがないのでパイプは切れます。すると何が起きるかということですけれども、あのパイプというのはブレーキのパイプです。中に油圧があり、パイプが切れると油圧が下がるのです。下がると何が起きるかというと、止まる、要するにブレーキが掛かるそういう設計になっています。ブレーキというのは、油圧を上げるとブレーキが効くようなこともできるし、下がるとブレーキが効くようになるそういった設計もできる。なぜそんなことをするかというと、つまり何らかの不都合で列車が外れてしまった。もし故障が油圧を上げるほうだったら、ブレーキが効かなくなっちゃうわけです。要するに、さらなる惨事が起きないような工夫、設計、これがまさにデザインなのです。

あるいは、カンカンと鳴る踏切、電車が来るとカンカンカンと閉まり、電車が通り過ぎると上がる踏切です。あれは停電になったらどうなるのでしょうか。停電になると、自動的に下がるそうです。なぜ下がるかというと、要するに、停電の時に電車が止まるとは限らない。そういったときに上がり放しだとアウトです。これもまさに安全性というデザインの思想が入っています。要するにさらなる悲劇が起きないようにと、そういう考え方です。

今は分かりやすい審美性以外の話をしたんですけれども、ほかにも私が申し上げた操作性、安全性、あるいは伝統性、あるいは独自性、さらには最近だと社会性等々、まさに、デザインの発想にはさまざまな要素が組み込まれています。これが、実は日本は弱いところ。だから例えばサムスンに負けてしまうとか、そういうようなことが起きるということです。

実際、海外を見てみたんですけれども、このデザインを強調している大学はスタンフォードですけれども、ＭＩＴなどもそうです。デザインをテーマにした大学のプログラムというのは、かなりできています。日本でも東大が「デザインイノベーション社会連携講座」というのを始めたりとか、慶応もこういうセンターを始めたりしています。それでわれわれはどうかというと、遅ればせながらなんですけれども、文科省の助成金を受けて「EDGEプログラム（エッジ・プログラム＝グローバルアントレプレナー育成促進事業)」というのを2014年秋から行っています。これは、文理融合のプログラムでキーワードはデザインと価値創造、そして起業、ベンチャーまで考えています。

これには私も関わっているので紹介しておきたいのですが、早稲田では3つの「館」が大事だと言っているんです。その3つの「館」が何かというと、体を鍛える「体育館」、これはどこのスクールにもあると。情報のハブとなるような、あるいは情報のソースとなるような「図書館」、そしてデザインと結びついた価値を、これは特に企業の方も巻き込んで共創するような「共創館」、この3つの「館」を整備しているということを始めています。私自身もこのプログラムには関わっていますし、大学センターの責任者にもなっています。

将来の大学像は—

大学の経営の話だけは少しします。早稲田大学ですけれども1882年に創立しています。当時の入学生は80名だったそうです。非常に小さい大学でスタート。その後、ご存じだと思いますけれども、現在13学部、21大学院研究科を持っています。大規模大学の一つになっているのですけれども、これはイメージ写真です。昔はこんなだったらしいというのを見つけました。今はこんな具合です。キャンパスの中には、非常に外国人が多いです。あと早稲田イコール汚い大学というイメージを持っている方が多いかもしれませんけれども、女性が約３分の１です。３割を超えています。慶応は、非常に女性が多くて華やかなというイメージをお持ちかもしれませんけれども、慶応より早稲田のほうが女性比率は高いです。ですから、いかに今は女性が多いか。だからこのイメージ写真は嘘ではないわけです。

ただ問題があって、これも最初の明治16年出来たころですけれども、８割近くが地方だったんです。地方の人たちを迎えた。それがだんだん変わってきて、でもすでに昭和の早い段階で逆転はしているんですけれども、長い間だいたい４割が地方だったんですけれども、ここに来て一気に減っているということです。要するに、３割ぐらいになっている。７割が首都圏ということです。

こういった状況の中で、しかもグローバル化が一応深化している中で、大学としてどうしようかという悩みが今あるのだということです。例えば、先ほどの留学制度ですけれども、海外からの受け入れ学生は約５千人来ています。それで送り出しが３千３００人ですけれども、一見良さそうに見えるんですけれども、将来的に全員やはり留学させたい。もちろん長い短いはあるんですけれども、全員送り出したい。受け入れは、１万人というのを考えています。そういう数値を挙げています。

それはなぜかというと、この「Waseda Vision １５０」という２０１１年12月に作成をしたのですけれども、早稲田大学は、まだかなり先ですが、２０３２年に１５０周年を迎えます。その時に、早稲田大学がどんな大学になっているかという

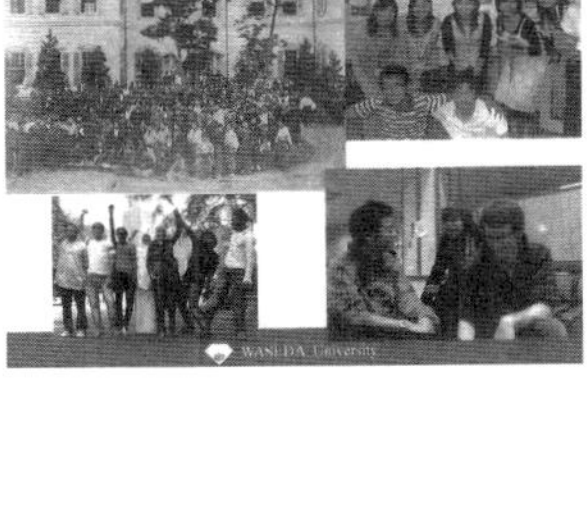

早稲田大学を紹介するパンフレットより

ことをわれわれは考えています。そして、それに向けて今努力をしているということです。まさに、そのグローバル化時代の大学のイメージということです。ここを話すと長くので、数値だけ見てください。こんなイメージです。２０３２年には、こんなふうになっています。

まず留学生ですけれども、今は約５千人です。５千人の留学生を1万人に増やすと、ざっくり言って５人に1人が留学生ということです。そういうことを考えている。たぶんこれは実現するんじゃないかと思います。今日は時間がないんでインバウンドの話を全くできないと思うんですけど、国交省の中にある観光庁の中に「マーケティング戦略本部」というのがあるんです。私はそこの本部員をやっていて、この後のディスカッションでインバウンドの話をできればぜひしたいと思いますけれども、「インバウンド」というのは、実は留学生も含まれています。文科省では、30万人抱えているんですけれども、そんなこともあるので各大学は受け入れ留学生をかなり増やそうという、そういう努力をしていると思います。そして、逆に、送り出しは全員です。短い長いは問わず、全員なんらかの形で行ってもらいましょうと、そういうことを考えています。あと学部、大学院ですけれども、学部はダウンサイジングして、そして大学院を大きくしようという、こんなことを考えています。ちなみに、海外の大学を見ると、大学院のほうが大きい大学は結構多いんです。日本は、なぜか学部がメーンですけれども、この辺りを変えていこうという、そんな考えを持っています。

卒業生全員をグローバルリーダーに

あと、教育内容を全面公開しようと考えています。要するに、外部の方も見られるような、どういう教育をしているのかを公開するということを考えています。これは冒頭に申し上げたんですけれど、例えば、11年から14年の判定で学部が10％弱、大学院が８％、ですので10％弱が英語での授業です。でも、これは英語の学部を持っていますから、これを引いてこれですから、伝統学部はまったくこんなパーセントにはなっていないということです。伝統学部というのは、工学部、商学部、文学部です。国際教養学部というところで、かなりこういう数字を稼いでいます。ただ２０３２年に、だいたい50％ぐらいは英語による授業をしようというふうなことを考えています。

さらに、先ほどの教育改革ですけれども、授業を対話型、問題発見型にしていきましょうというようなことも考えています。今は、この数字ですけれどもこれが2、3年でよくなって、２０３２年には学部では75％、大学院で80％ぐらいの比率にしようと考えています。ちなみに早稲田大学は大教室で授業ばっかりやっていると思われている方がいると思うんですけれども、８割ぐらいが１００人以下です。７割ぐらいが50人以下ぐらいで、とにかく大教室のサイズというのは本当に少なくなっているというのが現状です。

そんな中で「Waseda Vision １５０」で何をしたいかというと、まさにグローバルリーダーを育成しましょうということです。先ほどの中島社長の話を聞いていて、やはり早稲田大学としてどれだけ生み出していくか。目標は年間1万人です。年間1万人、1万人というのは何かというと、卒業生全員がグローバルリーダーになる。一部ではなく、全員がグローバルリーダーになる、そういうようなことを考えています。あと研究についてもありますけれども、これは省略します。それで、「10年間で10万人のグローバルリーダーを」出す。毎年卒業生が約1万人ですから、全員がグローバルリーダーになるということを目標にしています。

ということで、限られた時間ですけれども、後でまた質問等を受けたいと思います。いずれにしても、今はこういう中で大学も企業も日本全体も大きな変化の中にあるということで、皆さんと一緒に勉強していけたらと思います。どうも、ありがとうございました。

パネルディスカッション　グローバル化する地域経済と大学の役割

登壇者　ビル・エモット
中島　基善
恩藏　直人
総合司会　杉山　慎策

ビル・エモット

元エコノミスト誌編集長・就実大学経営学部経営学科客員教授
1956年イギリス生まれ。80年に英エコノミスト誌ブリュッセル支局に参加。ロンドンでの同誌経済担当記者を経て83年に来日。東京支局長としてアジアを担当。86年に金融担当部長として帰国。その後ビジネス部門編集長となり、1993~2006年、同誌編集長を務める。1989年、日本のバブル崩壊を予測した『日はまた沈む』がベストセラーに。2006年には日本の経済復活を宣言した『日はまた昇る』が再び話題となる。

中島基善

ナカシマホールディングス株式会社代表取締役社長。2015年度より就実大学特任教授。同社は、船舶用プロペラで世界トップ・シェア企業であり、プロペラ技術を基に人工関節など医療分野へも事業を拡大している。グローバル経営を展開する岡山県内の代表企業である。一般社団法人日本船舶工業会会長、岡山商工会議所副会頭等の公職を務める。本年1月、社会貢献にも尽力する経営者に贈られる埼玉県主催「第14回渋沢栄一賞」を受賞。

恩藏直人

早稲田大学商学部卒業。同商学部助教授等を経て、1996年教授。2008年9月より2012年9月まで早稲田大学商学学術院長兼商学部長。2013年より、早稲田大学理事。専門はマーケティング戦略。博士(商学)。財務省「財政制度等審議会」専門委員、文部科学省「大学設置・学校法人審議会」専門委員、公認会計士試験委員、日本消費者行動研究学会会長、商品開発・管理学会会長などの公職を歴任。現在は、国土交通省「交通政策審議会」臨時委員、文部科学省「高大接続システム改革会議」委員などに就任。

司会　それでは、ただ今より「企業はグローバル化にいかに対応すべきか」と題して、パネルディスカッションを始めさせていただきます。

パネルディスカッションのパネリストとして、先ほどご講演を頂戴いたしましたビル・エモット先生、中島基善先生、恩藏直人先生にご登壇いただいております。

なお、進行役は就実大学の杉山慎策が務めます。それでは、よろしくお願いいたします。

杉山　皆さん、お3人の素晴らしい講演を聞いていただいて、いろいろ示唆に富むお話だったので、気付いたことがたくさんあるのではないかと思いますけれども、これからあと1時間少々、パネルディスカッションでその内容を少し深めていきたいと思います。

最初に、エモット先生のお話でございますけれども、ジョン・メイナード・ケインズという経済学者の1914年の時代から、いったい世の中はどう変わったのか。トーマス・フリードマンが言うように、ただ単に世界がフラットではなかったと。非常にでこぼこもあり、変化もあり、スムーズではない世界のグローバル化の中で、これからどのように対応していったらいいのかということで、政治的なリスク、それからICTの変化に備えないといけない。それから、高齢化ということに基づいて、働き方はどう対応したらいいのかというご発言があったと思います。

日本人は日本語だけでいいのか？

そこで、エモット先生に、ICTの技術と変化とグローバル化の中で、私はたぶん英語という言語が変化を押し進める役割を果たしていくだろうと思います。その英語が、ICTの変化にどれぐらい関係があるのか。恩藏先生の話の中にもありましたように、大学の教育も一部英語化、あるいはひょっとするとすべてを英語化しないといけないような時代が来ているのかもわかりません。なので、日本人が日本語だけをやっていて、ICTの変化の中で対応できるのかどうかということについてコメントを頂ければありがたいなと思います。

これから英語はもっと重要になる

エモット　私はイギリス人だったのでラッキーかもしれません。今、確かに英語が共通語となっているというところがあります。イギリス人にとって驚きなのは、パリ大学経済学部とか、国際関係学科とかいったフランスの大学の学部で、英語で授業がされるだけではなくて、名前も英語化されているということがあります。必須の英語に結局は屈してしまったのかなというところがびっくりです。

今、ICTは移行期にあると思います。自動翻訳というのがまだ十分に訳のところまで行っていないということがあって、ICTを介して、その訳を埋めるところまで将来的には行くと思います。同時に、ICTによって透明性がもたらされているということと、普遍性というものをもたらしてくれていると思います。

先ほど、恩藏先生のおっしゃった中で面白いなと思ったのは、日本の大学は国際競争力がないというところのランキングの低さというのは、結局日本語で書かれているものに対しては評価されていません。それはつまり、どんなに素晴らしいものであっても、結局海外に対して透明性がないということになるからであると思いました。ですから、英語はもっと重要になっていくと思っています。

杉山　ありがとうございます。

恩藏先生にもぜひ同じ質問をお伺いしたいんですけれども。

ＩＴＣがビジネスを変えていく

恩藏　杉山先生のご質問とエモット先生のコメントを聞いていて、私の子どもを思い出しました。今、高校生なんですが、なぜ高校生の子どもを思い出したかというと、私は英語が大事だからと言って、すごく学ばせています。少なくとも、これからの社会に生きる上で英語は大切なので。一応、彼はまじめにやっています。でも、あるとき「こんなに勉強しても、きっと10年後には意味なくなるかもね」と言いました。なぜかというと、彼は実はアップルマニアです。本当に。Siriを使いこなしています。Siriをこれだけ使えるのに、あと10年もたったら、Siriというか、デバイスをパッとやれば、イヤホンは入れるかもしれないけれども、もうしゃべったことが全部自動翻訳されるという話を僕にしてくれました。確かに、10年後にはそうなるかもしれないという印象を私は持ちました。

といっても、相手の生きた言葉というか、やはりこれを理解していかないといけないので、機械を通じてだとちょっといまいちだなと。ただ、仕事なんかは完ぺきにできるようになるかもしれないと私も思います。

もう1つ、私の本業のほうのマーケティングで、今マーケティングの世界で「デジタルマーケティング」という言葉で注目されています。ＩＣＴというデジタルマーケティングですけれども、たまたま『Harvard Business Review』という雑誌の日本版があるので、その特集が今度出て、僕もコメントを書いたんですけど、何が変わるかという話で、キーワードをいくつか挙げました。ここでちょっと紹介したい一つは、時間感覚が全く変わってくるのです。今までのビジネスは、お客さんに知ってもらって、関心を持ってもらって売るという、ステップ、ステップ、ステップなんですけれども、ＩＣＴが進歩してくると、今みたいな話が全部パラレルで展開できる。私は、粒度と精度という言葉を使って話しますが、お客さんのニーズの粒度と精度が飛躍的に変わってくるんです。今までは、マーケティングというかビジネスはマスだったのですが、さっきの中島社長の話だと、うちはカスタムで一点ものを作っているると。でも、そういう一点ものを作っている会社ももちろんあるんですけど、マスで今まで展開してきたような会社が、完ぺきに困難というような、そういう時代が来るなという意味で、時間感覚が全く変わってくると思います。

あと、「コンタクトポイント」という言葉をわれわれはよく使うのですが、オムニチャネルって、皆さんは聞いたことがありますか。実店舗からネット販売まで、チャネルを横断したような取引が、もう当たり前になってきている。これもやはり、まさにデジタルマーケティング、ＩＣＴを使いこなすことによって生まれるものです。

もう１つは、「感情」というキーワードを使っていますけれども、今まで消費者行動でも、認知とか、理解を与えるとか、ビジネスでは生きた人間を見ていませんでした。それが、例えば怒りとか驚きとか、あるいはまさに私たちの感情、そういったものをビジネスのいろんなシチュエーションの中で取り入れられる。単純ではないのですが、ＩＣＴが進化することによって、実はビジネスそのものが非常に人間的なところまで踏み込めるようになる、そんな時代になってくると思います。要するに、先ほどエモット先生がおっしゃったように、やはりすごいキーワードで、これから大きく変化するビジネスそのものを変えていくものだろうと思います。

杉山　ありがとうございます。

同じような質問を中島社長さんにお伺いしたいのですけど、ナカシマプロペラでは既に職人技と、それから非常に精度の高いコンピュータ、デザインをお使いになっているわけですけど、ＩＣＴを進めていくためには、先ほどグローバル化をやらなければいけないので、社員とグローバル化に今尽力されているとおっしゃられていたのですけれども、英語をしゃべれるというのは、これからやはり重要になってくるのでしょうか。それとも、ＡＩとか、そういうふうなコンピュータの発達などで、もう不必要になるのでしょうか。コメントを頂けたらと思います。

中島　私は、古い世代なほうなので、非常にコメントとしては難しいですけど、英語が必要かどうかというのは、これからＩＣＴがずっと進んでいったとしても、やはり必要だと思います。あまり英語をしゃべらないフランス人でさえ、最近ではＥＵだって英語をしゃべるようになったと。さっきのフランスのビジネススクール、うちの息子もフランスのビジネススクールＥＳＳＥＣというところにいたのですが、これも英語で授業をやっています。だから、やはり一つのコミュニケーションの手段として、英語というのは全世界共通で使っているわけだから、やはりそれは必要じゃないかなと。そういう意味では、イギリス人とアメリカ人が非常にアドバンテージを持っている。いいですよねというのはありますけど。われわれは、そこはやはり近づけていかないといけないのではないかなと思います。

杉山　ＡＩがどこまで壁を越えていくのかというのは、たぶん皆さん方もいろいろ考えられていると思うんですけど、実は文化を構成する中で、おそらく言語というのは非常に大切な要素で、それが本当にＡＩに取って代わられるということは、逆に言うと、ＡＩが文化を作り出す、そういう時代を迎えるかもわからないということで、私自身は、果たしてそれがどこまで行くのかなと。私自身の世代が非常に古いのかもわからないですけれども、個人的にはやはり人間がちゃんとコミュニケーションもやっていかないといけないし、たぶん英語もやっていかないといけない。おそらく、どれくらいＩＣＴに英語が大切になるかということは分からないですけれども、どうもそれをパラレルにやっていかないといけないような時代がたぶん来ていると思います。変化のスピードは非常に大きいというふうに感じております。

高齢化社会を活かす教育やビジネスとは？

最初にＩＣＴというお話があって、エモット先生が基調講演の中で、これから一つ大きな要素というのは、高齢化問題とか、働き方がどう変わっていくのかということをご指摘されたと思っております。

恩藏先生は、留学生を増やすとか、英語の授業を増やすとか、それから学部の学生は全員留学させるとかという、早稲田の「Waseda Vision １５０」のお話をされていましたけれども、高齢者の再教育という話で、リカレントの教育についてどういうふうなお考えを持っていらっしゃるか。恩藏先生、少しコメントを頂きたいと思います。

恩藏　今日、先ほど名刺交換させていただいた方の一人で、おそらく60を超えた方ですけど、やはりこれから高齢者で学ぶ人は間違いなく増えてくると思います。身近な例で言うと、私の今現在の博士課程の学生で一番年上の方は73ぐらいです。次が62か63歳ぐらい。実は、まれではなくて、そういう人たちが結構来ます。僕の言葉ではなくて、その方の言葉なので正確によく聞いてください。大学院は老後の「最も安い趣味」だと。私が言っているのではないですよ。年を取ってリタイアします。それで、家にゴロゴロ居ると奥さんに怒られるんです。それで、ゴルフに行ったり、何か趣味を持っている人もいるとは思うんですけど、趣味は、子どもじゃないのでそれなりにお金もかかる。でも、大学、しかも大学院は学部よりもっと安いですから、「最も安い趣味なんです」とおっしゃっていました。それは、半分冗談だろうなと僕は思ったけれども、でもこれだけ高齢化していって、しかもまだ元気なら、老後何をしたいかといったときに、「学び直したい」という人は決して少なくないです。そういう意味で、大学にとっての新しいマーケットと位置付けていいのかなと私は思います。

杉山　中島社長さんコメントをいただけますか。

実際に、われわれは高齢者用のプログラムは作っていません。通常のプログラムの中に入っています。

中島　高齢者が大学で授業を受けるのも、安くて非常にいい趣味ですけど。私どもの会社は、ベトナムの会社、フィリピンの会社があります。製造支援で製造部のスタッフが行くことはできますが、やはり現地は別会社にしていますから、経営者が行かないといけないんです。そういったときに、商社の人でいろんな現地の会社に経営経験がある55とか50代の人だと、高給なのでわれわれは採用できないので、60歳以上の人に中途で入っていただいて、その人たちをベトナムのトップにしているし、それからフィリピンの会社のトップになってもらっています。定年後の人たちはいろんな経験をされているわけで、そういった海外の会社に行って経営をするということも、やはりどんどんやってもらうということが、私は非常にいいのではないかなと思います。

杉山　まさに、実はエモット先生がおっしゃられて、皆さん覚えていらっしゃるかどうか分からないですけれども、65歳以上の日本人の働いている人たちは20%を超えている。これは、欧米よりもはるかに高い。つまり、ひょっとすると日本があまり豊かではなくなったので、年金とか退職金に頼ることができなくて、働かざるを得ないという経済的なニーズがあるからそういう状況になっているのかもわかりませんが、少なくとも20%以上の人が働いているということは実は驚きで、その点について、もう少しエモット先生にコメントを頂きたいと思います。

エモット　実際、65歳から70歳で働いている方は、実は40%です。20%というのは、65歳以上なので、要するにもっと上の世代を入れての話です。だんだん寿命も長くなり、それから技術変化も起こっている中で、会社の考え方も変わっていく。キャリアを高めていく中で、考え方というか、仕事をして、そしてそれから退職をして、それから後の人生という考え方ではなくて、人生にはさまざまな段階があって、仕事をしている段階とか。ただ、段階が変わったというような捉え方なのではないかと思います。今、杉山先生が考えていらっしゃるのは、経営学の大学院の課程ですね。企業の人たちも学び続けなくてはいけないのではないかと思います。

高齢者の、消費生活の中での教育というのもあるんですけれども、やはり実際に自らまた再トレーニングする、再教育するという考え方もあっていいのではないかと思います。その中では、高齢者自身の起業もあってもいいのではないかと思います。

新しい働き方や生き方が必要な時代に

杉山　ありがとうございます。皆さん方の中で、既に多くの方がリンダ・グラットンという方が書かれた『ワーク・シフト』という本をお読みになられているかもわかりませんけれども、彼女は未来予測を書かれています。将来的には、大きな釣り鐘型の会社にしがみつく――日本の大企業のようなところにしがみつくのではなくて、これからはカリヨン・ツリーの時代だと。カリヨン・ツリーというのは、教会のちっちゃなベルがいっぱいある鐘を言います。一つ一つ好きなことを見つけて、それを死ぬまで続けるべきであると主張しています。だから、例えば55歳とか60歳で定年で、退職金をもらって、年金もらってという、そういう生活ではなくて、これからは自分の好きなことを見つけて、それをずっと続けていく。既にイスラエルでは、間違っているかもわかりませんが、職業を２つ以上持つことが許されている。例えば、弁護士の方がデザイナーの仕事をするとか、弁護士の方がほかの仕事をするみたいな、そういうことになっているようです。だから、おそらくこれからの時代は、たぶんエモット先生やほかの先生がお話しになったように、そういう新しいタイプの働き方、生き方がたぶん必要になってくる時代なのだろうというふうに思います。

恩藏　中島社長のところは、定年は幾つですか。

中島　わが社の定年は61歳です。それで、後は1年契約で、65歳ぐらいまでというかたちになっていますけれども、役員クラスになると67とか。同族企業ですから、同族は死ぬまで働かなければいけないということになっております。

杉山　実は、前川製作所という会社があるんです。たまたま縁があって、そこの会社に、たぶん10回ぐらい私はヒアリングをさせていただいています。あそこはリタイアがないんです。要するに、元気で本人の意欲があればずっと働かせるということです。ただ、もちろん65歳くらいが節目で、フルタイムではなくなると。やはり、体も厳しくなるので、3日か4日勤務する、本人との話し合いらしいです。そういう会社もあります。実は、前川製作所はそこに自負を持っていて、「うちは定年がないです」と。大きく世代を「動」の世代と「静」の世代に分けています。つまり30代、40代、50代くらいまでは「動」で、会社を文字通り動かしている世代です。一方、50代後半から60代になると「静」の世代です。そういう人たちというのも大事で、それをうまく合わせると会社が回っていくのだと。前川製作所が日本の新しいモデルになったと僕は言うんですが、うわさのモデルです。

エモット　先ほど、恩藏先生と中島さんのおっしゃったことに関連して付け加えるのですが、傾向として、オートメーションとかICTの時代になったのは、職人芸とか、それから一つ一つの重ねるものをつくっていくという、そういうものです。

スタンダード化されるということに対して、職人がカスタムメードでつくっていくというのは、もう既に反発をしていっているわけで、私たちの生き方、働き方も、やはりそういったスタンダードなものをつくっていくのではなく、もっと高度なものというかたちのものをつくっていくべきなのではないかと思います。

インバウンドを増やして人口減を解決

杉山　ありがとうございます。

もう1つ、エモット先生からは、政治的なリスク、また死生学的なリスクという話があったんですけど、その前に恩藏先生が、ぜひインバウンドの話をしたいということをおっしゃられていたので、インバウンドのお話を先に取り上げさせていただこうと思います。

インバウンドの説明について、ちょっと今パッと名前が出てこないのですが、イギリスのジャーナリストの方が書いた本で、日本には2千万人観光客がいる。それはつまりそれだけ人口が増えているということになる。日本の人口減は、インバウンドを増やすことによって解決できるというふうなことを書かれていて、なるほどなと思いました。例えば、2千万人で1人の外国人観光客が1週間滞在するなら、1年は53週なんですけど、50週で割ると、大体40万人ぐらい日本の人口が増えたことになる。これが4千万になると80万になる。フランスは、今テロの影響で極端に観光客が減っているようですけれども、フランスのように8千万人とか1億人になると、数百万の規模の人口が日本で増えたことになる。200万人増えると、岡山の人口を超えるぐらいの人口が海外の観光客によってもたらされると、そういうことも言えるのではないかと思っています。ぜひ恩藏先生、インバウンドについてのお話を取りあえずお聞かせいただきたいと思います。

恩藏　ありがとうございます。

ちょっとだけ背景を申し上げると、2013年に初めてインバウンドが1千万人を超えました。それまで、ビジット・ジャパン・キャンペーンというのが、確か2003年ぐらいに始まって、順調に伸びていたのですが、リーマンショックでガクッといったんです。さらに、東日本大震災でまたガクッと来た。要するに、2回落ちたんです。そんなこともあったんですけれども、2013年に初めて1千万人を超えました。それを受けて政府は、安倍さんですけれども、すごく喜びました。当時、1千万をやっと超えたばかりの千三十何万人。オリンピックの2020年には、それを2千万人に持っていこうと。約2倍です。非常に挑戦的な数字を出しました。それで、翌年4月に官公庁にマーケティング戦略本部を作りました。要するに、海外からいかに戦略的に誘致できるか。さまざまな工夫をしました。例えば、ご存じの通りビザの緩和、あるいはさまざまな空港の整備。飛行場の整備とか、便の受け入れとか、そういう改善です。あと円安も追い風になりました。すると、すごい勢いで延びて、1千500万まで行って、去年が千九百何万で、2千万人にちょっと足りませんでした。それを受けて、じゃあ今度はということで、今年3月に2020年に2千万ではなく、そのさらに倍の4千万人を目指そうという目標を掲げたのです。

今、ちょっと簡単な経緯を申し上げたのですが、先ほど杉山先生がおっしゃったように、何がそこで日本にインパクトをわれわれが与えるかということなのですが、人口の視点というのは面白いと思いました。日本の人口は、今だんだん減る中で、なるほどそうだと思いました。一般でよく言われている議論というのは、経済効果です。先ほど、1週間ぐらいいるという話でしたが、大体1人来ると17万円くらい使うんです。そのときの統計で若干違うし、爆買いがもっと増えるとドッと増えるのですが、大体1人当たり17万円くらいだと思ってください。日本に住んでいる人の年間の消費金額が大体122万円。ということは、7人来てくれたら、大体1人分になると。ですので、先ほどの杉山先生の人口という点でもかなり貢献するし、今私が言ったような経済的な部分、そういった部分でもかなり貢献する。ですので、国としては何とか2千万どころか4千万人にしたいという、こういう狙いです。

では、4千万人というのはどのくらいの数字なのかということですけれども、今手元にないのですが、フランスが確か六千何百だったと。8千万は行ってないような気がします。一番多いのがフランスです。そこが六千何百くらいだと思うのですが、仮に4千万人だとしても、世界トップ5には入るという感じです。スペインとかは、もっと上位になります。ですので、日本の歴史、自然、さらに文化などの観光資源を考えると、伸びしろは相当大きいというふうに言われています。ですので、国としては何とかインバウンドで経済的に日本を衰退しないようにしたい。活性化させたいのですが、その一方で国が荒れるかたちにならないようにしたい。観光地の京都なんかは悲鳴を上げています。ですので、それをどうするかということが、たぶん今後の大きな課題になってきます。

杉山　エモット先生、海外観光客というか、インバウンドについてコメントを頂けますか。

日本の良さを知ってもらう機会に

エモット　私は、最初に言っておきますけれども、全日空のインバウンドのアドバイザーの一人です。どんどん運んできたいという立場にあります。

日本に来る人たちの数が増加することによって得られる利点というのは、直接的にお金を落としてもらうということよりも、知識を得てもらって、つまり日本の文化とか、デザインとか、商品とか、サービスについて知識を得てもらうことによって、さらにその先にもたらすもののほうが大きいのではないかと思います。

フランスのワインとかフランス料理、あるいはフランスのデザイン、ファッションとか、それがすごく評価されているというのは、やはりフランスに多くの人が行くからではないかと思います。

日経ビジネスの記事にも書いたのですけれども、日本が２０２０年のオリンピックで受ける恩恵というのは、やはりトータルでいろいろなものを得る、日本について知ってもらうという、そういう人々の気付きという点になるのではないかと思います。

４週間のオリンピックの期間だけでなく、日本のイメージ、いろんな質の良さ、そういうものはそれよりももっと先に長く続くものではないかと思います。

杉山　中島社長さんは、２０２０年のオリンピックにかけて観光客が増えてきて、そしてエモット先生がおっしゃるように、日本への理解がより深まり、日本の文化とか、芸術とか、そういうものがもっと理解されるということについて、どういうふうにお考えか、コメントをお願いできますか。

瀬戸内海クルーズやメディカルツーリズムを

中島　一般的な流れでは、本当にウエルカムなんですけれども、それだけではなく、私もちょっとインバウンドで興味を持っているのは、瀬戸内海クルーズというのをぜひ広めたいなと思っています。瀬戸内海クルーズでは、大きなクルーズ船が来て、そこに泊まって何とかというのではなく、小さな、例えば20人ぐらいからせいぜい40～50人ぐらいまでの船で回っていって、泊まるのはそこのホテルや旅館に泊まる。食事も、そこでおいしいものを食べるといったクルーズの取り組みをぜひやりたいと思っています。資金がないものですから、自分のところでクルーズ船をつくるというのは難しいのですが、例えば岡山なら両備さんとか、いろんなところと組んで、それをぜひやりたいなと。瀬戸内海というのは本当に素晴らしいです。私は、エーゲ海以上に素晴らしいと思っていますし、魚もおいしいし果物もおいしい。そういうのをぜひこの機会に広めたいというのが１つです。

もう1つは、メディカルツーリズムで、日本には素晴らしい医療、病院、お医者さんがいらっしゃいます。単に人間ドックで来られるというのではなく、難しい手術とか、そういったものでぜひ日本に来てもらえるように広めていきたいなと思っています。

この2つを、インバウンドの中でぜひやっていければと思っています。

これからの政治的なリスクについて

杉山 ありがとうございます。私も、実は岡山県の県北の山の中で生まれて、東京とか世界中を駆け巡ったのですが、5年前に岡山に帰ってきて、牛窓に行って、あの美しさには本当に感動します。牛窓とか、鷲羽山からの瀬戸内海の眺めというのは、たぶん世界にこんなところはないだろうというぐらいきれいだと思います。ですから、おっしゃられるように、そういうところがもっと観光資源として活用されて、オリンピックを機にもっと多くの方が来ていただけるようになるといいなと思います。

最後のテーマです。政治的なリスクをどう捉えるかというふうにエモット先生はおっしゃられていて、現実にテロの問題等で、ヨーロッパではおそらく今、観光客が激減しています。幸い日本は、津波とか地震とか、自然災害によって観光客が急激に減るというリスクはあるのですが、現段階ではそんなに大きな政治的なリスクというのは抱えていないのかもしれません。しかし、これから日本もそういう問題を持つかもしれませんし、あるいは日本の企業が外に出ていったときに政治的なリスクを考えていかなければいけないだろうという大切なポイントをエモット先生はおっしゃられたと思います。

それでは、中島社長さん、フィリピンとベトナムとシンガポールとの提携や現地工場のオペレーション等も全部やられているんですけど、政治的なリスクとか、そういうことは意識されて進出されているんでしょうか。

中島　もちろん、政治的なリスクというのは、やはり考えてやっています。私の話の中で言ったように、中国の国営会社を交えてベンチャーをやろうといったときには、例えば49、51という格好で、われわれが51のシェアを取っても、やはり政治的な圧力がありますから、非常に難しいというふうに考えてやめたわけです。それで、ベトナムとかフィリピンのほうに行ったわけですけれども、宗教的な問題というのが非常に難しくて、何ともし難いのですが、日本はもっとＡＳＥＡＮの国々と付き合って、そちらに企業もどんどん出ていき、それから人も受け入れてやっていくべきではないかと思うのです。ＡＳＥＡＮ諸国は、６億人ぐらいの経済圏になるわけで、その６億人と日本の１億で７億、それに例えばバングラデシュまで含めたら、それが２億で、結構10億近くの人口エリアがあるわけです。ですから、そういう中で世界でということを考えると、やはりある程度の規模、経済圏を考えてやらなければいけないわけで、そういった面で、まずは企業とか人が動いていろんな国に接触して、交流して、政治的な問題も、その中から仲良くやっていけるという格好にしていくべきではないかなというふうに思います。

杉山　ありがとうございました。

恩藏先生、政治的なリスクというエモット先生のコメントについて、何かお話はありますか。

大学では18歳人口の減少が課題

恩藏　もし大学でということであれば、あまりリスクは考えてないですね。というよりは、私の考えとしては、基本的に政治と大学は常に全部切り離すべきだと思っています。要するに、普段から考えていないというのが正直なところです。むしろ、大学というのはそういうところであって、一線を引いておかなければいけないところだと思います。

ただ、それ以前に、インバウンドもさっきのグローバル化もそうですけれども、1990年前半、18歳人口が200万を超えていたんです。一番ピークのときには、確か205万人だったと思います。それが、今や120万を切っていて、さらにまだ下がります。たぶん、ビジネスをされている社長さんとかの感覚でいうと、これはまさにマーケットで、18歳人口というのは、大学にとってのマーケットなのですが、18歳人口のマーケットが6掛けになってしまうというのがもう現実的になっています。

中島　私のころは250万。

恩藏　250万。もっと多かったですか。

中島　団塊の世代は250万です。

恩藏　ということは、シニアベースは良かったかもしれないですね。

いずれにしても、マーケットが6掛けになったとき、むしろなっていっているのですが、そういうリスクというのはものすごく大きいという認識ですね。

杉山　ちょっと長いタイムスパンになるかもわかりませんけど、今、恩藏先生がおっしゃられたのは、リーマンショックみたいなことが実際にまた本当に起きていて、大学関係者の間では「２０１８年問題」と言われているのですけど、これから学生数が急激に減っていって、毎年1万3千人ぐらい減っていくだろうと言われています。4年間で13万人、千人ぐらいの小さな大学が13個ぐらい毎年減ってしまうという現実が、もうすぐそこまで来ているのです。

フリー・ソサエティーを実現するために

エモット先生、より大きな話だと「フリー・ソサエティー(Free society)」、自由な中で多様性とか許容性を認めることによって、よりよい世界をつくるということがある中で、どうもこのところ政治的なリスクが非常に多くなってきている。先生のお話の中では、ロシアの話とか、中国の話とか、ＩＳの話とかそういうお話が出ていたんですけど、いったい何をやればいいのか。つまり「フリー・ソサエティー」という、そういう世界をつくり上げられれば、たぶん解決するんでしょうけど、そうでなくて、ドナルド・トランプさんが言っているように、メキシコとアメリカの間は壁を作るべきだとか。中国も、ある意味ではそういうのを作っていて、何か逆行するような動きが、結構、強くなってきていると思います。コメントをお願いできますか。

エモット　私は、岡山には素晴らしい資産があると思います。オリエント美術館というのがあって、そこにはシリアのものとか、違う文化圏のことが分かるようなものがいろいろ展示されています。それは素晴らしいものなのですけれども、観光客はいません。せっかくのこの資産があるわけですから、まず岡山はそれをもっとより多くの人と共有できるようにしていくのがいいのではないかと思います。

話を戻しますけれども、もちろん政治的リスクというのは、新しいものだけではありません。私たちが、今まで生きた中でも、経験してきたさまざまな革命とか政治的な衝突とか、そういったものがあるわけです。新しいのは、政治リスクでも、要するに日本とか、アメリカとか、ヨーロッパとかの国内にあるものです。つまり、私たちの社会にある基本となる価値について挑戦をしてきていると思います。

要するに、政治的リスクの急激な変化の可能性は、さまざまな先進国での経済的なテンションによって高まってきているのですね。

例えば、ドナルド・トランプが大統領になったとしますと、今までのいろんな国との関係性というのを全部断ち切るようなことになっていく。これまで同盟を結んでいたところとの関係を断ち切って、貿易などの全く新たな関係、例えば、貿易戦争等が起きてくる可能性もあります。

日本国内に目を向けると、安倍政権がテレビ局にかなりプレッシャーをかけている。つまり、より政府に対して批判をするのではなく、支持するような放送をすべきだということで、これは報道の自由を侵すことに変わってきています。

特定秘密保護法が国会で通過しましたけど、これは要するに、将来的に今の政府でなくても、先に政府になったところが、もしかしたら先の政権がそれをまた使って情報の自由を遮る。特に、大学などに対していろいろ制限をかけてくるということが考えられます。

こういう傾向に対してどういうことができるかというと、やはりそういった力、圧力に対して、こちら側はさらに圧力をかけ直すことをしていく。そういった自由を奪われるということに対して、よりもっと運動をしていく、キャンペーンをしていくことが必要になります。それは、迫害的な自由に対する戦いということと、それからロシアや中国のように、国際法を侵しているところに対しても、やはりプレッシャーをかけていくことが必要になります。

歴史的に見ても、民主主義というのは徐々に変わっていくということは受け入れてきているのですが、極端にすごい力によって変えようとするものに対しては、弱いところがあります。だから、私たちは強くあらねばならないのですが、これは私が今執筆している本の内容なので、この話をするとすごく熱が入ります。

杉山　ありがとうございます。それでは、ぜひ、フロアのほうからも1つか2つぐらい質問を受けたいと思います。どなたかご質問はございますか。

お願いします。

日本の良さを世界に伝えるポイント

会場　今日は、エモット先生、中島社長、恩藏先生、杉山先生、いろいろお話を聞かせていただいてありがとうございます。

私はイトウと申します。聞いていて思ったことなのですが、中島社長の「モノ＋モノ＝ものすごい」、それから、「職人技」、「瀬戸内海の景色」、それから恩藏先生の「ＩＣＴは感性が重要になってくる」というお話、それから、エモット先生のフランスのパッションとか食のスタイルというお話。こういうところから見ていくと、今度、日本を売っていくときに、従来は基本的なオブジェクティブ・ベネフィット（客観的価値）のほうが中心だったのが、もう少し感情的なサブジェクティブ・ベネフィットのほうに向かっていかなくてはならない。その中で、日本の生活様式、これはデザインの審美性だけではなく、生活様式の美しさとかスタイルというものを伝えていかなければいけないので、そこら辺のお考えを聞きたいのです。そこで伝えていくのに、解説するのに、やはり杉山先生が言われた「英語で伝えていくということの必要性」があるのではないかと。ちょっと今日のお話を聞きながら感じたので、その点を質問として聞かせていただければなと思います。

杉山　恩藏先生。

機能・情緒プラス社会的な価値が必要な時代

恩藏　ありがとうございます。大きく分けて、いわゆるバリュー（価値）の話なんですけれども、機能的な価値というのがベースにあって、次が情緒的な価値ということになるのです。そしてさらに、社会的な価値と。もっと細かく分けることもできるのですが、大きく分けて機能と情緒と社会とに分けます。

日本は、おっしゃる通りで、機能的な価値が非常に強いのです。振り返ってみて日本が大成功したのは、壊れない、あるいは故障しない、精度が高い、そういうものを作らせると、たぶん世界で最もアドバンテージを持つことができたからでしょう。そして日本は大成功しました。

でも、ここでちょっと待てよと。私は『コモディティ化市場のマーケティング論理』という本を今から10年くらい前に書いたのですが、機能的な部分というのはまさにコモディティになってきている。要するに、日本国内でもそうなのですが、どこの企業をとっても、いわゆるレベルの低い、質の劣るようなものは機能的にないでしょう。水一つをとってみても、どこのブランドでも何の心配もなく私たちは飲むことができます。日用品ももちろんそうです。ですから、実はそうなったときに、日本が失速し始めたと私は思っています。つまり、機能的な価値はベースですからこれはもう当たり前で、情緒的な価値になったときに失速し始めるのです。おっしゃる通りで、いろんな情緒的な価値も、日本のいいところでもあるわけです。それをいかにわれわれの製品にうまく出して発信できるかということが、たぶんこれから非常に大事で、さらに「マーケティング3・0」という言葉で私たちは言ったりするのですが、社会的な価値が今日では付加されているので、単に機能的な価値があって、情緒的な価値も豊かなだけでは駄目で、まさにプラスアルファの社会的な価値が必要とされています。

「いろはす」がウケたのは、社会的な価値がかなり高いからと言われています。通常、水というところは六甲とか南アルプスが産地ですが、「いろはす」は消費地に一番近いところで採ります。それはなぜかというと、物流のコストを削減できるし、さらにCO_2も削減できるからです。ですから、それはまさに社会的な価値になります。

そして、誰でも知っていることですが、ペットボトルが当時世界最軽量で、さらにグシャッとつぶせるという、ああいう資源的な配慮、そういったまさに社会的な価値が付加されていないと駄目なわけです。ですから、あとでほかの先生方が補足してくださると思いますが、それをどう発信できるかということは非常に重要なことだと思います。

杉山　ありがとうございます。

中島社長には、ぜひ職人技がどう市場に入っていくのかについてお話しいただけますか。

外国人の友達をつくって情報発信してもらう

中島　私が「職人技」と言ったのとはまた別ですけれど、日本の良さというのは、これは時間がかかるかもしれないけれど、個人個人の皆さんが外国の友達を作って、そこで知ってもらうということがまず必要だと思います。私はスウェーデンの友達がおりまして、スウェーデンの人がしょっちゅう日本に来て、その人は「sake.com」とか「judo.com」とかをインターネットで自分で作って、それをスウェーデンに発信してくれています。日本人が英語で発信するというのも必要かもしれないけれども、外国の友達を作って、その外国の人に現地の人たちに向けて発信していってもらう。そういう努力をどんどんしていけば、もっともっと広がっていくのではないかなと思うのです。機能を持っているのはすぐ数字的に分かりますが、感情とか情感とか、例えば職人芸もそうなのですが、なかなか言葉では言い表せないところです。見て、感じてもらって、体験してもらって、味わってもらって、それを自分の言葉でその国で発信してもらうというのをどんどんやっていけば、伝わっていくのではないかなと私は思います。

杉山　ありがとうございます。

時間がないので、もう1つだけフロアからご質問をいただいて締めたいと思います。

「文化をつくる」部分を強化するには

会場　ナカシマプロペラの久保と申します。

質問というより意見が強くなるかもしれないですが、今日はＩＣＴと言語とインバウンドという話を伺って非常に面白かったのですけれども、たぶんこれはどこかで全部つながった話だろうなと思います。私が思うに、こういう話を考えるときに、２つのレイヤーで考えてもいいのではないかなと思います。それは、生産側と、文化を使う側という2つの層です。今日のお話は、どっちかと言うと、いかに文化を使うかと。使う立場からグローバルという発想になっていて、アメリカと日本、諸外国と日本の差みたいな話になって、非常に差がついていたら、これを何とか埋め合わせようというふうな話になっていると思うのですが、実はグローバルというのは、グローバルが進むとコモディティ化が進んで、希釈化されて次へ進むという格好になるので、新たな文化を求めて別な地を探すというふうに動いていくというのが歴史が示すことだと思います。

となってくると、そこの最初のレイヤーのところで文化をつくるということをしっかりやっていかないと、いつかついえてしまって、みんなグローバルで、みんな一緒になって、はい、おしまい、となってしまう可能性もあるのではないかということを懸念しています。

だから、一生懸命キャッチアップしたり、世界の最先端について行くということは必要ですけれども、踏ん張って、やはりレイヤーの底の部分、つくる文化の方を一生懸命やっていく必要があるという気がします。だから、そこのところについて、大学なんかが今どういうふうに取り組まれているのでしょうか。外に向かってもっとやろうという話はたくさん聞くのですけれども、本質のところをつくるにはどうしたらいいのか。それには、やはり言語というものを無視して考えることはできないと思うのです。文化をつくるのは、やはり言語だと。だったら、日本語を大切にしなければいけない、日本語を見直さなければいけないということになってきます。おそらく、グーグルの話がいろいろとあったのですけれども、もう近い将来ＡＩがかかわって、日本語の蒔絵《まきえ》とか屏風だとか、こういったものも全部ＡＩでスキャンして持ってくる時代が来る可能性があると思います。しかし、それを読めなかったら、意味が取れなかったら、何の価値があるのでしょうか。意味が取れないのに日本の価値があるとしたら、われわれの勝ちです。要は、すごいものが日本にあると分かったけれども、それが読み取れないというような価値をわれわれが生み出していれば、すごい価値になるということです。だから、その辺のところをどうやって深めていくかというのがすごく大切で、これは教育にかかわることなので、ぜひとも大学のほうでは、この仮想の文化をつくる部分にもぜひ注目して、強化をしていただきたいという気がします。そのあたりのことをよろしくお願いいたします。

杉山　ありがとうございました。

恩藏　ありがとうございます。

文化をつくるというのは、ちょっと大学の使命かどうか分からないのですが、発信ということでちょっとだけ補足させていただくと、たまたま昨日、学内である研究会に出ていたのですが、変体仮名というのはお分かりでしょうか。いつできたか分からないのですが、有名な書家のものが手本で、それがだんだん少し変化していったのが仮名ですよね。僕は全く読めません。ところが、あの変体仮名を読めるアプリがあるんです。それを開発されている。何でそんなことをやったかというと、要するに世界で日本のそういう文学、まさに文化なんですけど、それを理解してもらうために、あれが読めないと話にならないじゃないですか。その変体仮名を取り込むようなアプリがあって、たぶん検索すれば誰でもダウンロードできるらしいのですが、そういう時代になっています。ですので、単に言葉を読むだけではなくて、大学の使命とすれば、おっしゃる通りで、日本の文化を発信しなければいけないので、そういったことはやっています。

ただ、もっと根本の文化をつくってほしい、先ほどおっしゃられたように文化を生産する、創るというところになると、もう一歩入っていかなければいけない。それは、産学提携なのか、より大きな仕事になってくるような気がします。

杉山　ありがとうございます。

たぶん皆さんも同じだと思いますけれども、私も今日はいろいろな刺激を受けて、もっともっとディスカッションしたいことは山のようにあるのですが、今日は取りあえずエモット先生のご講演を中心として、3つの大きな提案をいただいた件についてパネリストの方とディスカッションしてまいりました。まとめとして、国家間の競争で優位に立つためにはどういう方法があるのかという戦略論があるのです。「ダイヤモンドフレーム」と通常言われるのですが、4つの要素があります。

1つは、企業間の競争。つまり、独占企業だけだとなかなかいい企業は生まれないし、とても独占企業が勝てるような状況ではない。やはり企業間競争がないと駄目ですよということがあります。

その下に、実は関連とか支援産業ということが言われています。つまり、ポーターの言うクラスターとか産学官連携。だから、大学とか、もっと地域に入り込んで、われわれが一生懸命頑張らなければいけないわけです。大学の役割というのは、たぶんそういうところにあるのだろうと思います。

あと2つあるのは、要素条件、つまりいい人材がいて、いいシーズがあって、いいＩＣＴの技術があって、それを使って新しい産業とかイノベーションを起こしていく、そういうことが必要であるということで、やはりこの地域にある資源とか、よそのまねをしない、そこをしっかりやっていかないといけないということなのだろうと思います。

最終的にもう1つ残っているのが、需要条件と言われるもので、需要条件とは、ポーターは面白いことを言うやつだなと思っています。つまりどういうことかというと、文化の視点です。おいしい料理をおいしいと感じられるかどうかというのは文化です。だから、ちゃんとおいしいことが分かる。つまり、実は私もオリエント美術館はすごいと思っています。よくこんなものが岡山にあるなと思っていますが、たぶん岡山の方は、オリエント美術館の価値がほとんど分かっていません。エモットさんのように外から来た人がいろんなところを見ていただくと、その価値が分かるというところがあって、やはり文化度を上げていく。つまり、岡山にはすごい人たちがちゃんと自分たちの目で何がいいのか、何がよくないか、あるいは何が好きで何が嫌いなのかということが独自に判断できるように、そういう人たちを育てないと、新しい産業は生まれてこないと考えます。

たぶん、今日のお話は、すべてこのポーターのダイヤモンドフレームの中に取り込めるのではないかなというふうに思います。

大変長時間、皆さんにお時間をいただき、本当にありがとうございました。

最後に、本日の基調講演者でありますエモット先生、恩藏先生、中島先生に盛大な拍手をお願いいたします。

閉会のことば

就実大学経営学部経営学科長　谷口憲治

フォーラムの終わりにあたり、一言ごあいさつさせていただきます。

本日は、どうも先生方ありがとうございました。また、こういった週末のお忙しいとき、たくさんお集まりいただき大変ありがとうございました。

就実大学も、先ほど杉山学部長が言われたように、開学以来3年になります。そして、こういったフォーラムも3回目を迎えたわけですけれども、私たちの学部はいわゆるグローカルな人材を作っていく、いわゆるこういった地域にあっても常にビジネス界を見渡せる人たちを育成していこうと。その一環として、こういった催し物をどんどんやっていきたい。これは、私たち自身も含めて、学生にそういった環境を提供するとともに、こういった第一線の人たちと身近に接することによって、私たちも、そして学生も、そして学外の岡山地域、この地域の人全体も一緒になって、そういった視点を持った人たちとともに成長していきたいという思いでやっているわけでございます。

今後、こういった機会に発信していきたいと思いますし、今日のお話もグローバルについて、いわゆる一直線でなくて非常に端的であるし、そして歴史とともに変わってきている。そういったことがご理解をいただけたと思いますし、そういった中で、ナカシマプロペラさんなんかは、この地域で、具体的にそういった視点で、第一線でそういった人材を育成しながら経営もなさっておられるわけです。

そして、恩藏先生は、先生ご専門のマーケティング、そういった本質の中でそういったことをどういうふうにするか。特に、日本の場合、岡山の場合でも、何と言いますか、スタンダードな商品が、そこに合った品質の高さといいますか、先生は「審美性」と言われていましたが、そういったことを追求する力が日本にもあるし、瀬戸内海に面したこういったところにもあるという話で、ある程度そこをきちんとわれわれも認識して、そしてどう発信していくかについてももう少し考えないといけないと思っています。

こういったことを今後やっていきたいと思いますので、皆さんのご要望も頂きながら、今後私たちも皆さんとともに成長していきたいと思いますので、今後ともよろしくお願いいたします。

では、これで今日のフォーラムを終わらせていただきます。どうもありがとうございました。

就実大学経営学部

現代社会が抱える多様な問題について、主にビジネスの観点から学ぶ学部。グローカルなマネジメント能力を身につけるカリキュラムで理論や実践を学び、ビジネスプロフェッショナルでありしかもグローカルな人材を育成する。グローカル人材とは、グローバルな視野を持ちながら、ローカルなニーズに対応できる人のこと。創立110周年を迎えた就実大学に2014年4月設置。

就実大学 / 就実短期大学 / 就実大学大学院

〒703-8516 岡山県岡山市中区西川原1-6-1
TEL：086-271-8111　FAX：086-271-8222
URL http://www.shujitsu.ac.jp/

グローバル化時代の企業経営と人材育成

2016年12月20日　初版第1刷発行

編　者――就実大学経営学部
装　丁――佐藤豪人（HIDETO SATO DESIGN）
版　組――小林ちかゆき
編　集――金澤健吾
発　行――吉備人出版
〒700-0823　岡山市北区丸の内2丁目11-22
電話 086-235-3456　ファクス 086-234-3210
印刷所――株式会社三門印刷所
製本所――株式会社岡山みどり製本

© 就実大学経営学部 2016 , Printed in Japan
乱丁・落丁本はお手数ですがご連絡ください。
本書の掲載記事、写真、イラスト、マップの無断転載、複製（コピー）は、著作権法上の例外を除き禁じられています。
ISBN978-4-86069-488-3